疲れない人間交際のコツ

媚びるな、しかし謙虚であれ

アドルフ・F・V・クニッゲ　服部千佳子 訳

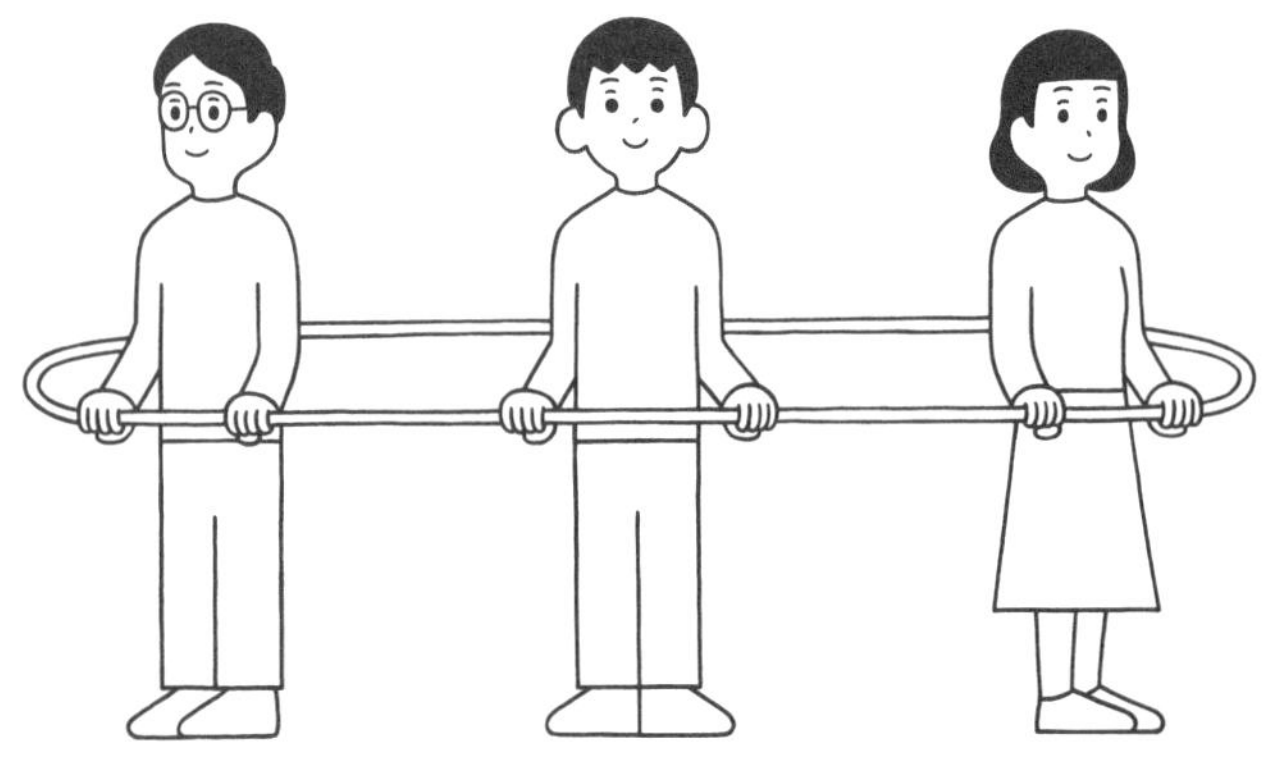

文響社

はじめに

人が抱える悩みのほとんどは「人間交際」に起因しています。職場や学校での人間関係や価値観が合わない友人との付き合い、家族や親戚との確執などから来るストレスに、疲れ果ててしまっている人も多いでしょう。でも、人間関係から来る悩みの多くは強すぎる自意識を手放すことによって解決できるかもしれません。

自分を認めてほしい

自分の話を聞いてほしい

自分が他人よりも優れていると思いたい／思われたい

多かれ少なかれ誰もがこんな欲求を抱えています。しかし、こういった自己顕示欲や自己承認欲求、あらゆるものを他人と比較する態度が、人間関係に軋轢を生み、人々の苦しみの元になってきたこともまた事実です。特にSNSが広く普及した現代では、過剰に自分の幸せをアピールしたり、逆に他人の華やかな生活を見て落ち込んだりといった現象が目立っているように見えます。ただ、こういった自尊心の暴走に苦しめられていたのは現代人だけではないようです。18世紀にドイツで初版が発行され、たちまちベストセラーとなった『人間交際術』の中で、著者のアドルフ・F・V・クニッゲはこう記しています。

過大な自尊心を捨てよ

成功を見せびらかしてはいけない。謙虚さは最大の美点である

他人の評価を気にしすぎてはいけない

おそらく18世紀を生きた人々も肥大化する自尊心に苦しみ、不毛な自己アピールを繰り返し、他者と自分を比較しては一喜一憂していたのでしょう。自意識との折り合いの付け方、他者との関わり方、結婚相手の選び方……。クニッゲが残したメッセージは現代にも通用するものばかりです。裏を返せば、200年前から同じようなことで悩み、似たような課題を抱え続けているのが人間という生き物だとも言えます。クニッゲはそうした人間の「どうしようもなさ」すらも愛情を持った目で冷静に見つめ、後世に残る普遍的なノウハウを書き記してくれました。

クニッゲは1752年、貴族の家に生まれました。19歳でヘッセン方伯の宮廷に奉職。若い頃は実業家として活躍しました。その後、クニッゲは作家としての才能を開花させます。『わが生涯のロマン』『魔の城』『ブラウンシュヴァイクへの旅』といった著作がベストセラーとなり、ドイツを代表する作家の一人になりました。中でも『人間交際術』は、現在も人づきあいのバイブルとして読まれているほど、大きな影響力を持っています。

本書では、『人間交際術』に記されたクニッゲの教えのうち、特に現代に生きる私たちにとって有効であろうと思われる内容を中心にまとめ、「現代における人間交際術」として再構成しています。ヨーロッパで200年以上読み継がれてきた、コミュニケーションのバイブル。人間が抱える永遠の課題である「人づきあい」についての大きなヒントが得られるはずです。（編集部）

目次

第1章 人づきあいが楽になる考え方

第2章 自分も周りも幸せにする考え方

目次

第3章 会話上手になる考え方

目次

第4章

どんな人ともうまく付き合える考え方

目次

第5章
友情、恋愛、家族愛についての考え方

目次

第1章

人づきあいが楽になる考え方

こんな人へ

他人と自分を比較して苦しくなってしまう人

他人が自分をどう思っているか気になって仕方がない人

どうしても他人を許すことができない人

何かにつけて自分と他人を比べる考え方は自分自身を苦しめます。自分と他人の間に優劣をつけようとするから他人に対しても寛容さがなくなり、人づきあいに疲れてしまうのです。クニッゲはこの点について「自分のやるべきことをやっているなら、どうして人の非難を気にする必要があるでしょう」と自分を強く持つ重要性を呼びかけつつ「他人の弱点には忍耐強く接しなさい」と諭(さと)しています。

他人の評価を気にしすぎない

他人の評価を気にしすぎてはいけません。堂々と自分を通せばいいのです。自分のやるべきことを行っているなら、どうして人の非難を気にする必要があるでしょう。うわべはどんなに立派な人間に見せかけていても、そのきらびやかな衣装の下に弱く卑しい心を隠し、仲間に見せびらかすためだけにそれを身にまとっているなら、何の値打ちもありません。

見せびらかすためだけの外面に価値はない。自分のやるべきことをやろう。

人を信じる

何よりも、自分自身への信頼、そして善良な人や幸運を信じる気持ちを失ってはいけません。不満や落胆の表情を浮かべたら、たちまち友人たちは去っていきます。しかしながら、人は不運に陥ると、ついいじけた態度を取ってしまいます。他人がほんの少し不機嫌な顔をしたり、冷たい態度を取ったりすると、自分に向けられたものと誤解します。みな自分の苦境を知っていて、援助を求めたら逃げるつもりなのだと思いこむのです。

不運なとき、人は卑屈になりがちだが、自分や友人を信じる気持ちを忘れてはいけない。

おかげ様だと考える

人のおかげで得をしたのに、自分の手柄だと思ってはいけません。社会的地位のある人物とつながりがあるために丁寧な扱いを受けたり特別扱いされたりしても、鼻を高くしてはいけません。謙虚になって、その人がいなければ自分はこんな扱いはしてもらえないのだと思いなさい。そして、人の助けを借りなくても尊敬される人間になるよう努力しましょう。彼方の太陽から光を受けて輝く大きな月よりも、惑星の周りをぐるぐる回って光る衛星よりも、ほの暗い片隅で、みずからの光で輝いているあなたのほうがずっと尊いのです。

虎の威を借るのではなく、謙虚になり、自分の力で輝けるようになろう。

自分の苦境を訴えない

不運や貧乏にあえいでいて、理性や信条をもってしてもその気苦労を払拭できないときでも、その悲しみや苦境を誰にも─愛するパートナーにさえ─打ち明けてはなりません。ほとんどの場合、よけい心が重くなるだけです。それどころか、幸運の女神があなたにしかめ面をしたと知るや、多くの人はあなたを避けるようになるでしょう。世界中から見放された人間に、たった一人断固として味方をするほど勇気のある人間がいるでしょうか。万一にもそんな友人が現れたとしたら、おそらくその人自身も困窮した不幸な人間で、やけになってあなたを自分の運命に引き入れようとしているだけです。そんな人に助けてもらっても、百害あって一利なしです。

困窮を訴えても何も解決せず、むしろ周囲から人がいなくなってしまう。

成功を見せびらかさない

順風満帆のときも、それをあまり声高に話してはいけません。成功、富、才能を見せびらかすのはやめましょう。自分より優位に立っている人を、文句も言わず、妬みもせずに受け入れられる人はまずいません。同じ理由で、人にあまり親切にするのも考えものです。とうてい返せない借金をした相手からは逃げようとするのが人間の性なので、寛大すぎる支援者は避けられてしまいます。また、仲間の目には、あまりよくできた人だと映らないよう気をつけなさい。彼らはあなたに多くを求めるようになり、たった一度要求を断ったなら、たちまちそれまで受けた数え切れない恩を忘れてしまうでしょう。

自分より恵まれている人を妬まない人は少ない。成功を自慢してはいけない。

人の失敗を吹聴しない

人をダシにして自分の評価を上げようという卑劣な魂胆で、他人の欠点を吹聴してはいけません。また、自分が注目を浴びたいがために、人の失敗を暴露するのもやめましょう。

自分が脚光を浴びるために人を貶めてはいけない。

目立たず、相手を立てる

人から好感を持たれ、称賛されたいと願うなら、人が集まる場では自分が目立とうとするのではなく、むしろ相手が引き立つ機会を提供するよう努めなさい。ほとんどの人は、他人が自分より目立っているのを見ると、心中穏やかではいられません。しかし、あなたが他人と一定の距離をおき、そのなわばりに踏みこまなかったなら、人はあなたを正当に評価してくれるはずです。私は分別のある、機知に富んだ人物だとよく評されますが、これまで人前で気の利いた話など、ただの一度もしたことはありません。ただ、愚にもつかない無駄話に、模範的な忍耐をもって耳を傾け、メンバーの一人が話したがっている話題を振ってあげただけです。

目立とうとせず、
他人を引き立てる人が評価される。

他人の弱点を許す

他人の弱点には忍耐強く接しなさい。例えば、誰かが十八番の愉快な逸話を話しはじめたとき、もしすでに何度も聞かされていたり、それどころかあなたが教えた話だったりしても、不愉快そうな顔をして、うんざりしていることを相手に気づかれないよう注意しましょう。そうすればあなたの評判は傷つかず、相手はいい気分になるのですから、これ以上の方法はありません。世間には、例えば猟犬、馬、絵画について話をしたがる人や、一緒にワインを飲みたがる人など、罪のない趣味を持つ人がいます。そんな場合、無理をしない範囲で、付き合ってあげるといいでしょう。

誰にでも弱点はある。
罪のない趣味には無理のない範囲で
付き合ってあげよう。

冷静沈着であれ

冷静沈着さはたぐいまれな天賦の才で、これがあれば人づきあいにおいても断然有利になります。せっかちに会話に加わったり、自分や人を困惑させるようなことを口にしたりしないよう、常に警戒を怠ってはいけません。冷静さに欠ける人は、予期せぬ質問をされたり、思いもよらない出来事が起きて仰天したりしたとき、ほんのしばらくでいいから口をつぐんでいなさい。あわてて口にした軽率なひと言や、当惑のあまり不用意に取った行動が、しなくていい後悔や深刻な結果を招くことがあります。

しかし、危機に直面し、慎重さをかなぐり捨ててその場で大胆な決断を下したら、それが安全と幸福、慰めを生み出す場合もあります。

軽率な言動や不用意な行動が深刻な結果を招く。あわてず、冷静に対処しよう。

ときには頭を下げる

援助や働き口を頼みたいときや、自分の能力を発揮できるポストに就きたいときは自分から願い出て、ときには懇願すべきです。向こうから声をかけてくれるだろうか、頼まなくても骨を折ってくれるだろうと期待してはいけません。誰しも自分や自分の家族の面倒を見るのに精一杯です。小心で謙虚な人が、優れた才能や実力を持ちながらも自分の能力をアピールできず、社会の片隅で飢え死にしそうになっていたとしても、気に留めたりしません。そのために、多くの有能な人が、自分から懇願したり頭を下げたりできなかっただけで、同胞の役に立つ機会を得ることなく、埋もれたまま一生を終えてしまうのです。

自分の力をアピールするのは自分しかいない。声がかかるのを待っていてはいけない。

受け取るより与える

人にものを頼んだり人の世話になったりする機会は、できるだけ少なくしておきなさい。お返しを要求しない超然とした人など、ほとんどお目にかかれません。ちょっと親切にしてもらったばかりに、遅かれ早かれ大きな見返りを要求されます。そうなると、好き勝手に会話をすることも行動することもできなくなり、選択の幅も制限されてしまいます。親切であれ何であれ、人から受け取るよりはできるだけ自分から与えるほうが賢明というものです。しかしながら、人は相手が望んでいない親切や、自分が与えることができない奉仕なら大安売りするものです。浪費家は金銭を、能なしは助言を与えたがります。

見返りを期待しない人はほとんどいない。人にものを頼むのは最低限に。

自立するために欲望を抑える

人の世話にならずにやっていきたいと思うなら、欲望を抑え、節度をわきまえ、人並みで満足し、多くを望まないことです。これに反して、限りない欲望に心が常に乱れ、野心や渇望にかきたてられたり情欲にかられたりしている人、贅沢な生活に溺れ豪華な品物に目がくらんでいる人、好奇心が旺盛で落ち着きがなく他人の問題に干渉せずにいられない人は、限りない願望を満足させるために絶えず友人や知人の援助を必要としています。

欲が多い人は自立できない。
高望みせず、節度をわきまえよう。

親切を押し付けない

人から援助を受けるのではなく、自分から人に親切にしてあげなさい。ただし、親切の押しつけはよくありません。何より、やむにやまれぬ場合を除いて、人を非難したり、誤りを指摘したり、忠告したりするのはよくありません。ありがたがって聞く人はごくわずかですし、人に助言を求めるとき、多くの人はすでにどうするかを決めているものです。頼まずにすむ場合は、友人や知人に、買い物や伝言といったささいな用事を頼むのはやめたほうがいいですし、頼まれても断りましょう。やってあげたとしても、友人が満足することはまれです。多くの時間とお金がかかるわりに、感謝されることはほとんどありません。

やむにやまれぬ場合を除いて人に忠告したり、誤りを指摘したりするのは避ける。

約束は守る

どんなささいなことでも、口に出したことはその通りにすること、約束はかならず守ること、そして、真実と正直のまっとうな道を決して踏みはずさないこと。これ以上に有益で神聖なルールはなく、これさえ守っていれば、人々から尊敬され、多くの友人を得ることができます。心の中にある思いをすべて口に出すのは、とんでもない間違いで、きわめて軽率な行為ですが、どんな場合でも、考えていることと反対のことを言っていいということにはなりません。どんなに切羽つまった事情があったとしても、必要に迫られてうそをついたというのは言い訳になりません。誓いを破ると、遅かれ早かれ、かならず苦痛を伴う結果がもたらされます。

約束を守り、うそをつかないだけで
尊敬され、多くの友人ができる。

自分に厳しくあれ

仕事をするときは、自分に厳しく、時間に正確で、規則を守り、根気強く、勤勉でありなさい。書類や鍵などすべてのものを、暗闇の中でも見つけられるくらいに、きちんと整理して保管しておきましょう。他人の持ち物を預かったときは、よりいっそう厳格な注意を払わなくてはなりません。人から何かを借りた場合、適当な時期に自分で送るなり、返しに行くなりしなさい。相手やその使用人が取りにくるのを待っていてはいけません。他の人はどうであれ、約束の場所へは時間通りに行きなさい。約束の時間を守るのも破るのも、みながまねをします。他の人たちが時間を守らないというのは、言い訳にはなりません。

自分に厳しく、規律を守ることで周りにも良い影響が生まれる。

人に関心を持つ

自分に関心を持ってほしいなら、まずあなたが人に関心を持ちなさい。仲間意識を持たず、友情、思いやり、愛情に欠け、自分のことしか考えずに生きている人は、援助してほしいと思うときがきても、誰も手を差し伸べてくれず、自分で何とかするしかありません。

他人に関心を持っている人だけに救いの手は差し伸べられる。

もめごとは自分で解決する

個人的なもめごとに、人を巻きこんではいけません。誰かと敵対関係にあるとき、知り合いに自分の味方をしてほしいと頼むのはやめましょう。こうしたルールの多くは、この古い格言に言い表されています。「絶えず人の立場に立って想像力をはたらかせ、自分の胸にこう尋ねなさい。『もし自分がこんな要求をされたら、こんな扱いを受けたら、こんな面倒を押しつけられたら――こんな場合、人からどんな援助や説明をしてもらったらうれしいだろう』と」。

絶えず相手の立場に立ち、
自分のもめごとに
人を巻き込むようなことをしない。

他人の行動はどうでもいいことと知る

自分に関係のないことなら、あるいはモラル的に大きな影響を及ぼし、黙って見ていると非難されそうなものでなければ、人の行動を見てやきもきするのはやめましょう。人が速く歩こうが遅く歩こうが、睡眠時間が長かろうが短かろうが、いつも家にいようがいまいが、身なりが質素だろうが派手だろうが、ワインを飲もうがビールを飲もうが、借金をしていようが貯金をしていようが、愛人がいようがいまいが、あなたにはどうでもいいことです。ただし、知っておくべき事実なら、愚者から聞くのが一番です。愚者なら話を面白くしようと誇張したり尾ひれをつけたりしませんし、よけいな感情を込めたり、巧妙な作り話もしないからです。

自分に関係のない
他人の行動に無駄な関心を抱かない。

信条は曲げない

自分は正しいと確信できるのであれば、信条を曲げてはいけません。例外を認めるのはきわめて危険です。ささいなことから重要なことへと最初に考えていた範囲を超えて、徐々に拡大していくおそれがあります。ですから、熟慮の末にもう人に本を貸すのはやめようとか、ワインはこれだけの量しか飲まないと決めたのなら、たとえ実の父親に説得されても、最初に決断するに至った動機が有効であるうちは撤回してはいけません。決然としていなさい。ただし、決断はあらゆる可能性を考慮したうえですべきですし、瑣末なことに固執するのはやめましょう。

熟慮の上で決断したことは よほどのことがない限り曲げず、 例外を作ってはいけない。

言動は首尾一貫させる

何よりも大切なのは、言動が首尾一貫していることです。人生の方針を決めたら、たとえ多少風変わりなものであっても、そこからわずかでもぶれてはいけません。しばらくは世間がとやかく言うでしょうが、やがてそれも収まり、あなたを悩ませる者はいなくなります。それどころか、その断固たる態度が尊敬を集めるようになるでしょう。一貫して忍耐強く、思慮深く、断固とした態度を取りつづけている者が勝つのです。信条には他の物質とよく似ている点があります。それはつまり、よいものかどうかの基準は、長持ちするかどうか、つまり持続性だということです。

良い信条は長持ちする。
一貫性を持って生きていこう。

良心に従う

何よりも、常に良心に従って行動しなさい。行動の目的や、それを達成するために用いた手段のために、自責の念にかられるという愚かなまねをしてはいけません。良心に従って行動していれば、かならずよい結果がもたらされ、必要なときに仲間の援助が与えられるでしょう。不運に見舞われる時期もあるかもしれませんが、自分の心が清廉であり、目的は公正であると信じていると、とてつもない力とやすらぎが得られます。あなたが悲嘆にくれた顔をしていると、いつもうれしげにうすら笑いを浮かべている悪党がたまにしかめ面をしているより、はるかに仲間の気を引くことでしょう。

**常に良心に従って行動すれば、
不遇なときも力とやすらぎがもたらされる。**

気分屋にならない

どんな役割を引き受けたときも、常に一貫した行動を取りなさい。今日は温厚で、礼儀正しく、親切で、愛想がよく、面白い人だったのに、明日は冷酷で、礼儀知らずで、無愛想で、彫像のようにむっつりするのはいけません。こんな気まぐれな人とは付き合いにくいですし、付き合いたいとも思わないでしょう。

気まぐれな人と
付き合いたいという人はいない。
一貫した行動をとること。

気分屋に深入りしない

気分屋と呼ばれる人は、機嫌がいいときや、他にもっと地位が高い人、こっけいな人、お世辞を言ってくれる人がそばにいないとき、最高に心のこもった、親しげな態度で応対してくれます。そして「ぜひ家へ遊びに来てください」などと言います。好意を信じてその人の家を訪問すると、態度ががらりと変わっています。不機嫌な顔をして冷淡な態度を取り、何か尋ねても、そっけない返事が返ってくるだけ。欲得ずくで彼にこびへつらう、ごますり野郎に囲まれているためです。こういう人とは徐々に交わりを絶つべきです。向こうから再び交際を求めてきても、今度は威厳をもって応対し、気づかれないようにそっとその交際の輪から抜け出しましょう。

気分によって態度が変わる人とは交際しないこと。

気の配り方に差をつける

付き合う相手によって、目に見える態度や気の配り方に、いくらかは差をつけるべきです。誰かれなしに握手したり、すべての知人を何の分けへだてもなく抱きしめたりしてはいけません。そんなことをしたら、友人や奥さんや好ましく思っている人のために、どんな態度を取るというのでしょう。あなたの友情や尊敬を、どうやって示すのです？　そんなに惜しげもなくばらまいたら、誰もあなたの愛情表現を信用しなくなってしまいます。

分け隔てなく接するのではなく、大事な相手に愛情表現をする。

自分が完璧だという顔はしない

完璧な人間になる努力はすべきです。ただし、自分は完璧で間違いなど犯さないという顔をしてはいけません。世間は人を見かけで判断します。身に覚えがないことで世間から批判されずにすめば、幸運だと喜んだほうがいいくらいです。自分は完璧だという顔をしていると、ほんの小さな間違いを犯しただけで、「ほう、こんな立派な人がこんなつまらない間違いをするとは許しがたい！」と責められてしまいます。そして、知性に欠ける人々とは、概して自分より優れた人の欠点を見つけて喜ぶものなので、あなたがたった一つ失敗しても、凡庸な人が立てつづけに愚行や悪事を犯すより、さらに辛辣に非難するのです。

完璧になる努力はすべきだが、完璧だという顔をしている人は妬まれやすい。

第2章

自分も周りも幸せにする考え方

こんな人へ

家族や友人など、
周りの人との距離感に迷っている人

「面白い話」をして
場を盛り上げることが苦手な人

噂話が好きな人

自分や周りを幸福にするコミュニケーションについて、クニッゲは「他人あるいは真実を犠牲にしてまで座を盛り上げようとする人は、最終的には遠ざけられ、軽蔑されます」として、「人を傷つける」ことを徹底して避けるように勧めています。口は禍の元と言いますが、噂話や他人の悪口でその場を盛り上げようとすることは相手を傷つけるだけでなく、自分自身の信用にもかかわります。

洗いざらい話さない

人に何でも洗いざらい話すのはやめましょう。自分の弱みがあらわになって、軽蔑されるおそれがあるからです。また、一度自分のことをすべて話してしまったら、相手はその後も日常のささいなことまで何でも知りたがり、どんなことにも相談に乗りたがるようになります。逆に、あまりに閉鎖的で、自分のことを何も話さないのもよくありません。それでは、あなたの行動の裏には、何か重大な、あるいは危険な事情が隠されているのではと疑われかねません。とくに外国にいるときや旅先などでは、不愉快な状況に巻きこまれたり、怪しい人物のように思われたりするかもしれません。社会生活においては、奥ゆかしいのも度が過ぎると損をします。

何もかも話しすぎると大きな不利益が生じるし、寡黙すぎるのも信頼を失ってしまう。

人を笑い者にしない

どんな人物であろうと、人前で笑い者にしてはいけません。相手が愚鈍な人間であれば、そんな人に皮肉の刃を向けたところで、誰も褒めてはくれません。万が一相手が思ったほど愚かな人間でなかったら、あなたが物笑いの種にされてしまいます。もし相手が高潔で繊細な心の持ち主だったら、そんな人を傷つけてしまうことになります。よこしまで執念深い相手だったら、遅かれ早かれ、復讐をしかけてくるでしょう。他人のことをとやかく言っても世間が何も言わないなら、私たちは平気で人前で善良な市民を笑い者にして傷つけがちです。そして、弱い人間を落ちこませて野心の炎を消し、芽を出しかけた才能を摘んでしまうのです。

他人を笑い者にすることは自分も相手も不幸にし、大切な才能の芽を摘む。

悪い冗談は言わない

たとえ親しい友であっても、にせの情報や下手な冗談などで脅かしたりからかったりして、一瞬でも不快な気分や不安にさせるのはよくありません。この世界には、ただでさえ不愉快で不安に満ちた、気が滅入るような瞬間が多いのですから、わざわざそんな話をして、不快指数をわずかでも上げるのは避けましょう。また、浮かれた気分で面白おかしく作り話をして、友人につかの間の快楽を与えるのも、分別のない行動です。楽しいはずの社交上の会話に趣を添えるどころか、苦々しいものにしてしまうのは、むごい仕打ちだとさえ言えます。

また、何か言いかけては途中でやめて、相手を不快な気分にさせたりするのも非常識です。

悪い冗談やありもしない作り話で友人の心をもてあそんではいけない。

相手の気持ちを弾ませる

人は愉快で楽しい気分になりたがっていることを忘れてはいけません。世間の人は誰かに称賛されたり虚栄心をくすぐられたりすると、なんと思慮深くて機知に富む、感じのいい人だろうと思うものです。しかし、分別のある人にとって、道化のような卑しい振る舞いをするのは、沽券にかかわることですし、誠実な人にとっては、卑屈におべっかを使うなど、とてもできることではありません。そこで、あなたにお勧めしたい方法があります。どの人にも、卑屈にならずに褒めることができる美点が一つぐらいはあるものです。道理のわかった人からそういう点を褒められたなら、相手はさらに磨きをかけようと気持ちが弾むことでしょう。

誰にでも、自分が卑屈にならずに褒めることができるような美点がある。

穏やかな表情でいる

常に平静で穏やかな表情をしていなさい。憎しみや激情にかき乱されない、無辜（＊）な心からにじみ出る陽気で快活な人柄ほど、魅力的で好感の持てるものはありません。

穏やかな表情ほど好感が持てるものはない。

＊無辜…罪のない

真のユーモアを知る

真のユーモアや機知は、気の利いたことを言おうと無理に頭をひねったところで、出てくるものではありませんが、まるで天使が舞い降りたように人々を喜ばせ、心を温かくし、ひそかな畏敬の念を抱かせます。気の利いたユーモアを披露したいと思ったときは、まずそこがどんな人の集まりかを考えましょう。そこそこに教養のある人にとっては大いに楽しめる話でも、そうでない人には退屈なだけで、まるで受けないかもしれません。また、紳士の集まりでは大受けする冗談が、淑女の集まりでは場違いだと受け取られることもあります。

気の利いたユーモアは
人々を喜ばせ、心を温かくするが、
時と場所を選ぶ必要がある。

適切なお世辞を言う

人と付き合うなら、相手のプライドを傷つけないように気遣いながら、親切な言葉をかけ、役に立つ情報を与えるべきです。そうすれば、相手はあなたと一緒にいる時間を無駄だとは決して思いません。あなたが自分に関心を持ち、自分の幸福を心から案じてくれていて、誰かれなしに親切そうな言葉をかけているわけではないと思うでしょう。しかし、のべつまくなしに空虚なお世辞を言い、媚びへつらい、褒めちぎって、相手を困惑させるべきではありません。とは言っても、会話の途中に、善意から出たお愛想や控え目な賛辞をはさむのは、不適切だとは思いません。

親切な言葉をかけることや控えめなお世辞を言うことは不適切ではない。

悪意ある会話をしない

会話を面白くしようとして、中傷、あざけり、陰口を交えたり、野次という卑しむべき慣習を使ったりするのはやめておきましょう。こうしたことを喜ぶ人種もたまにはいますが、他人あるいは真実を犠牲にしてまで座を盛り上げようとする人は、最終的には遠ざけられ、軽蔑されます。それは自業自得というものです。情と分別のある人なら、他人の失敗を目にしても何も言いません。悪気のない、ほんのからかいのつもりで口にしたひと言でも、どれほど人を傷つけるかをよくわかっているのです。そんな人は、もっと内容のある有益な会話を切に望んでいて、くだらないことを言い立てる輩には我慢ができません。

他人や真実を犠牲にして会話を盛り上げようとする人は軽蔑され、遠ざけられる。

うわさ話を広めない

人のうわさを広めるのは、できるだけ避けましょう。とくに、当人の印象が悪くなるような話はすべきではありませんし、人から聞いたうわさならなおさらです。くだらない作り話である場合が多いですし、人から人へと伝わっていくうちに、誇張されたり削られたりして、元々の話とは違ったものになっていることもよくあります。こうしたうわさを流すと、罪のない立派な人をひどく傷つけることになりますし、何よりも自分が窮地に立たされてしまいます。

人のうわさ話を広めることは、自分の首を絞めることになる。

他人の家庭に意見しない

他人の家庭の話をよその家でしたり、親しい人との茶飲み話や家族の会話の内容を人にしゃべったりしてはいけません。また、親しく交際している人の家庭内の問題や人生について、自分の意見を口にしないよう気をつけましょう。あなたにとっては悪気のないおしゃべりでも、このような立ち入ったことに饒舌（じょうぜつ）をふるっていると、信用をなくし、とんでもない憎悪や不調和を引き起こすことになります。

他人の家庭内のことに口を出すと思わぬ憎しみを受ける可能性がある。

軽率に反論や非難をしない

人の意見に反論したり、非難したりするときは十分注意しなさい。この世界では、ほとんどのことが二つ以上の面を持っているので、先入観を持ってしまうと、賢明な人でも判断力が鈍り、他人の状況を公正に見ることが難しくなります。また、どんなに謙虚に考えても、批判の対象である人より自分のほうが賢明だと思えない限り、分別ある人の行動を軽率に判断しないよう、とくに注意しましょう。人への批判を口にする前に、「この人はどんな善行をしているのだろう。みなの役に立つ人だろうか」と考えてみるといいでしょう。そして、もし役に立っているなら、勇み足でちょっと失敗をしたくらいは大目に見てあげなさい。

物事のほとんどには二面性があるので、軽率に人を非難してはいけない。

言葉や知識は小出しにする

長々と退屈な話をして、聞き手をうんざりさせてはいけません。格言や警句を連発するのも、ひと言ひと言を慎重に吟味するのも困りものですが、会話にはある程度の簡明さが必要です。例えば、少ない言葉で多くを語り、枝葉末節は省略して聞き手の集中をそらさず、また折を見てその部分を取り上げて、面白おかしく話して聞かせる力量こそ、本当の話し上手というものでしょう。話の種がすぐに尽きてしまわないように、言葉や知識は小出しにしましょう。そうすれば、話すべきでないことや、話すつもりではなかったことを、うっかり口に出さないですみます。

会話は簡明さを心掛け、長々と話し過ぎないようにしよう。

話題にすべきこと、すべきでないこと

自分のことばかりしゃべる人がいます。どんな話題が出ても自分のほうへ引き寄せ、そこからまた思いついた話をはじめるのです。他の人が興味のわかない話題を出さないようにしましょう。その場にいる人が知らない逸話を持ち出したり、おそらく誰も読んでいない書物の一節を口にしたりするのもよくありません。例えば、若い女性たちを前に、医者が解剖標本の話題を持ち出したり、名士の集まりの中で聖職者が神学の小難しい問題を滔々（とうとう）と論じたり、老いぼれた文学者が色気たっぷりの女性に、足にできた魚の目や皮膚のただれの話をしたりするほど、ばかげたことはないでしょう。

自分のことばかり話すのではなく、雰囲気や参加者に合わせてふさわしい話題を選ぶ。

謙虚であれ

自分が持ち出すすべての話題に他のメンバーが温かく関心を示してくれる場合を除いて、自分のことばかり話してはいけません。友人があなたに敬意を払って、近況や仕事ぶりなどに話題を向けてくれたときでも、あまり調子に乗ってしゃべらないほうがいいです。謙虚さは最大の美点であり、多くの人から好感を持たれる性質です。自分の才能をひけらかしたり、業績を口にしたりするのはよくありませんし、そういう話題を振ってほしそうなそぶりをするのもやめましょう。人に不愉快な思いをさせてはいけません。例えば、あなたが得意げに自慢話をしたために、メンバーが黙りこんでしまったり、居心地の悪い思いをしたりするのはよくありません。

謙虚な人ほど多くの人から
好感を持たれる。自慢話は避けよう。

断定するときは慎重に

会話をしていて、さっきはある意見に反論していたのに、今は支持する発言をするなど、話の内容が矛盾するのはよくありません。考えが変わること自体はかまわないのですが、社交の場では、断定的な意見を言うことに慎重になるべきです。取り上げられた話題について、賛成意見と反対意見をよく吟味したうえで発言しましょう。

考えを変えてもいいが、断定的な意見を言うときはよく吟味する。

同じ話を何度もしない

記憶力と注意力の欠如のために、笑い者になってはいけません。自分の機知に有頂天になって、どこへ行っても同じエピソード、同じ例え話を披露する人がいます。どんな集まりでもそうですが、こと社交の場においては、記憶力を研ぎすますことがとても大切です。だからといって、記憶しておきたいことを、何でもかんでも書き留めるのはやめましょう。

同じ話を何度もする人は笑いものになる。記憶力を研ぎ澄ませよ。

うわっつらで盛り上がらない

社交の場で、うそを使って話を盛り上げるのはよくありません。また、人に嫌悪感をもよおさせたり、若い女性を赤面させたりすることも口にしてはいけません。また、その手の発言をした人に喝采を送るのもやめましょう。分別のある人は、そのような会話は好みません。たとえ男性だけの集まりでも、羞恥心や、卑猥な話題に対する嫌悪感を失ってはいけません。

下品な話題に対する羞恥心や嫌悪感を忘れない。

決まり文句は控える

「健康はかけがえのない宝」「光陰矢の如し」のような、使い古された言い回しを使うのは控えましょう。ついでに言っておくと、時間は一定の基準で計測されるものなので、その基準より速く過ぎ去ることは不可能です。一年が速く過ぎるように感じられるのであれば、いつもより睡眠時間が長かったか、ぼんやりしていたからでしょう。こういう文句を聞くとうんざりしますし、無意味で白々しく感じられます。会話の半分ほどを機械的な決まり文句ですます人がいます。例えば重病の人に対しては「お元気そうで安心しました」と言い、どんな子供にも「年のわりに大きいね。それにお父さん（あるいはお母さん）にそっくりだ」と声をかけるのです。

手垢のついた表現ばかり使っていると、人をうんざりさせてしまう。

質問攻めにしない

話し相手にくだらない質問をして、悩ませるのはやめましょう。会話をすべて、質疑応答の形式にしないと気がすまない人がいますが、あまり質問攻めにすると、この人とはふつうの会話はできないと思われてしまいます。

根掘り葉掘り質問するような会話をして相手を困らせない。

反論されても冷静に

反論には、忍耐強く応対しましょう。子どもみたいに、何が何でも自分の意見を通そうとするのはよくありません。あなたが真剣に意見を述べているのに、相手がばかにしたり冷やかしたりした場合でも、いきり立って言い返したり、粗野な振る舞いをしたりしてはいけません。あなたの言い分がどれほど正しかろうと、平静さを失った時点で、すでに半分負けているのです。そうなってしまったら、少なくとも相手を言い負かすことはできないでしょう。

相手がどんなことを言ってきても、平静さを失わないようにする。

話題は場所をわきまえて

劇場や演奏会場など、人が娯楽を求めて集まる場所へ入ったら、家庭内の問題やわずらわしい話題を持ち出してはいけません。人は気を晴らし、体を休め、日ごろの憂さを忘れてリフレッシュするためにそこへ出かけていくのです。ですから、現実に引き戻すようなまねは、まったく無粋なことです。

エンターテインメントを楽しむ場所で現実的な話をしないこと。

人の信じるものを否定しない

多くの信者が大切にしている宗教的儀式や、いくつかの宗派が信仰の実体とみなしている慣習を、人前でこきおろすのも無作法です。人が崇拝しているものは尊重すべきですし、あなたが求める自由なら、仲間が享受するのも認めましょう。私たちが啓蒙と思っているものも、他人の目には暗愚と映っているかもしれません。このことを心に留めておきましょう。たとえ偏見であっても、心の弱い人たちがそれで安らぎを得るなら、寛大な目で見てあげましょう。人から何かを取り上げるなら、それ以上に価値のあるものを与えるべきです。あざけりでは人を屈服させることはできないことを、忘れないでください。

人の信仰心を尊重し、あざけり笑ったりこきおろしたりしない。

宗教的な話題には真摯に向き合う

しかしながら、いまの時代、私たちは宗教について語る機会を、神経質なまでに避けているように思えます。知性に欠けていると批判されるのを怖れ、信仰に対する敬意を表明できない人がいる一方で、信仰によって生きがいを与えられているふりをし、熱心な信者に取り入ろうとして、狂信的行為に反論するのを避ける人もいます。前者は最も軽蔑すべき卑怯者で、後者は偽善者です。どちらも誠実な人間が取るべき態度ではありません。

宗教についても誠実な態度で議論していくべき。

人の容姿を小ばかにしない

他人の肉体的、知的、精神的欠陥を話題にしたり、特定の主義主張を小ばかにしたような逸話を紹介したりする場合は、まず、それによって感情を害したり、その非難やあざけりが自分や自分の親族、友人に向けられたものと感じたりする人が、その場に一人もいないかどうかを確認しなくてはいけません。人の容姿、体形、顔立ちを嘲笑してはいけません。誰にもそれを変える力は備わっていないのです。不運にも人目に立つ容姿を持つ人にとって、それが人の嘲笑や驚きの対象となっていると気づくことほど、悲しく、つらく、不快なことはありません。世間を広く知り、さまざまな外見を持つ人々を見てきた人なら、言われるまでもないことでしょうが。

変えることのできない容姿や体形、個々人の主義主張などを小ばかにしない。

苦痛ではなく楽しみを与える

会話の相手に、必要もないのに不愉快なことを思い出させることがないよう気をつけましょう。不謹慎な関心に駆り立てられて、何の援助もできないくせに、相手の経済状態などデリカシーに欠ける質問をしてくる人が結構います。その結果、愉快な気分になろうと思って参加した集まりのなかで、忘れたい問題を思いめぐらすことになってしまいます。話しかけた相手が苦痛や悲しみを強めることなく、むしろ心が休まり、元気づけられるという確信もないのに、こうした話題を持ち出すのは、きわめて無作法で、不謹慎で、思いやりのない行為です。

相手が不愉快なことを思い出すような話題を持ち出さない。

辱めには同調しない

誰かが他の人に不愉快なことを言ったり、辱めを与えたりしたら、それに加担したり、笑みを浮かべて同調するそぶりを見せてはいけません。むしろ、聞こえなかったふりをすべきです。相手はこうした気遣いに感じ入り、しばしば感謝を返してくれるものです。

特定の人を攻撃する言動には同調しない。そうした気遣いは伝わるものだ。

口は慎む

自分自身や他人の秘密を口外するという軽率な行動が、多大な害悪をもたらすのは間違いありません。それとは別に、とくに秘密というわけでなくても、口外しないほうがよいこともたくさんあります。話したところで誰の役にも立たず、下手をすると誰かを傷つける可能性があるからです。という訳で、口は慎むべきではあるのですが、いきすぎた秘密主義に堕すのもばかげています。

**秘密を暴露しても
誰の役にも立たないばかりか、
大きな害悪をもたらすことが多い。**

自分をよく研究し、改善する

簡潔明確に自分の考えを述べる技術、回りくどくなく生き生きと情熱を込めて話す技術、話し相手の理解力に合わせ相手を退屈させない技術、ユーモアを交えながら自分のしゃれに自分で笑ったりせずに上手に話す能力、ときにはそっけなく、ときには笑みを浮かべ、真剣にあるいはコミカルに味つけをしながら言うべきことを伝える能力は、学習を重ね細心の注意を払って応用していかないと身につきません。自分をよく研究して、表情を自在にコントロールできるようにするのです。そして、ある身ぶりが人に不愉快な印象を与えるとわかったら、できるだけそれをしないように気をつけ、上品な身ぶりやしぐさを心がけましょう。

ユーモア、情熱、明確さなど話す技術は注意力を持ち、学習を重ねて身につける。

細かい気配りを忘れない

演奏会でおしゃべりをする。誰かの背後で友人の耳に何ごとかささやき、この人のことだと身ぶりで示す。劇場のなかで立ち上がり、後ろの席の人の邪魔になる。集まりに遅刻したり、早退したり、居残ったりする。こうした不適切な行いは、絶対にしてはいけません。自分の前をひそひそ話しながら歩いている二人づれがいたら、盗み聞きしていたと疑われないようにちょっと音を立てて、自分の存在に気づかせましょう。そうすれば、相手もきまりの悪い思いをしなくてすみます。あなたは、こうした気配りをくだらないと思うかもしれません。しかし、ちょっとした気遣いによって人づきあいは楽しく、気持ちのいいものになります。

相手を気遣い、不適切な行動はやめることで人づきあいは楽しくなる。

相手の話が
つまらなかったら

相手の話がつまらなくて冗長なために、退屈して苛立ってしまうことがよくあります。そこから抜けられない場合は、理性、分別、思いやりを総動員して、ありったけの忍耐力を行使するしかありません。無作法なことをしたり、軽蔑したような態度を取ったりして、不機嫌をあらわにするのはやめましょう。会話が空虚であればあるほど、相手が熱心にしゃべっていればいるほど、こちらは勝手に他のことを考えることができるというものです。よそごとを考えるのは礼儀に反すると思うなら、とりあえず自分がどれほどの時間を、ただぼんやりして無駄に過ごしているかを考えてみましょう。それに、私たちも人に犠牲を強いているのです。

自分もつまらない話をして人に犠牲を強いていることを思い出そう。

第3章

会話上手になる考え方

こんな人へ

初対面の人と
うまく会話ができない人

自尊心が強く、
自分が中心でないと気が済まない人

人とのかかわりの中で
成長していきたいと思っている人

クニッゲは「どんな相手との会話でも完全に無意味なものはありません」として、どんな相手とのどんな会話からでも学ぶ姿勢が大事だと語っています。また、「手紙に書いた取り返しのつかない一言が家族全員の幸福を壊してしまうこともある」として手紙を慎重に取り扱うことを求めていますが、これは現代のメールやＳＮＳへの書き込みなどに置き換えてみても重要な示唆を含んでいると言えます。

初対面の人とうまく会話するポイント

人と気軽に付き合える、初対面の人によい印象を与え、臆することなく会話ができる、相手がどんな人物で、どんな話題を出せばいいか一目で判断できるという才能は、努力してもなかなか身につくものではありません。しかしながら、こうした資質が、山師(*)によく見られるような、厚かましさやしつこさに堕することがないよう願いたいものです。山師は、知り合ったばかりの人に、厚かましくも親交や尽力を頼みこんだり、自分のほうから奉仕や加勢を申し出たりするのです。要するに、会話上手になるポイントとは、なじみのない雰囲気に自分を合わせられること、その場にいる人たちに歓迎されない、あるいは理解されない話題を持ち出さないことです。

場の雰囲気に合わせ、相手がどんな人物で、どんな話題を出せばいいかを見極めること。

＊山師…詐欺師、いかさま師

過大な自尊心は捨てる

社交の場へ出かけていくときは、過大な自尊心は持ってはいけません。その場にいる全員の尊敬が自分に集まるだろう、一人目立って注目されるだろう、すべての人の視線が自分に向けられるだろう、全員が自分の話に耳を傾けるだろうなどと、期待しないほうが賢明です。この忠告をおろそかにすると、メンバーからは軽視され、惨めな役回りを演じて、その結果、人が集まる場所を避けるようになり、人からも遠ざけられるようになってしまいます。

自尊心が強すぎると、
自分も他人も不愉快な思いをする。

中心にいようとせず、期待を少なくする

いつも自分が話の輪の中心にいなければ気がすまないというタイプの人を、私は大勢知っています。メンバーの中に自分と肩を並べる人がいるのは我慢できないという人も非常に多いです。社交の場で、会話の中心にいるだけでなく、頼みごとや期待を寄せられるのも自分しかいないというとき、このタイプは優秀かつ高潔で慈悲深く、しかも機知に富んだ振る舞いをします。しかし、自分がその他大勢の一人だとわかるや否や、狭量で卑小で執念深く、軟弱な人間になりはてます。そして、自分が采配を振らなかった建物はすべて、それどころか自分が建てた物でも、他人がちょっとした装飾を加えただけで壊そうとします。これは非社交的で、不幸な性質です。

常に話の中心になろうという姿勢を捨てれば幸福に生きられる。

服装は身分相応のものを

服装は、自分の社会的立場や資産状況にふさわしいものを身につけなさい。突飛なものや派手すぎるものはよくありません。けばけばしいもの、凝ったもの、贅沢なものは避けて、清潔できちんとした、趣味のよいものを選ぶといいです。あまりに時代遅れなのも、流行を追ってめかしこむのもよくありません。自分より地位が高い人と同じ集まりに出るときは、服装にはいつも以上に注意を払いましょう。自分の服装が不適切だとわかると、せっかくの機会がきわめて居心地の悪いものになってしまいます。決して人から衣装を借りてはいけません。さまざまな面で、人間性によくない影響を及ぼします。

不適切な服装は居心地の悪さを招く。

「もっと会いたい」と思われるように

「社交的な場へはちょくちょく顔を出すのと、めったに出ていかないのとどちらがいいか」と聞かれると、その人の状況によると答えるしかありません。どちらが望ましいかは、それぞれの立場や必要性、その他多くのささいな事情を考え合わさないとわからないものです。しかし、一般論としては、どこへでも出しゃばったり、頻繁に人の家を訪問したりするべきではありません。あの人はどこへでも出しゃばってくると言われるよりは「もっと頻繁にお会いしたいものですね」と言われるほうがましです。出かけていくべきか、長居をすべきか、いとまごいをすべきかを判断する感覚は、誰にでも（思いあがりや思いこみで鈍っていない限り）備わっています。

**どこへでも出しゃばるのは
やめた方が無難である。**

他人との間に距離をおく

交友関係の範囲はできるだけ狭め、広げるときはきわめて慎重になるべきです。人は親しくなりすぎると、相手のことを中傷したり、争いごとをふっかけたりしがちです。快適に人生を送りたいなら、他人との間に多少の距離をおいておくべきです。そうすれば、人はあなたを寛大に扱い、尊敬し、交流を求めてくるでしょう。この点から、毎日知らない人と出会える大都会で暮らすのは、きわめて望ましいことです。内向的な性格でない限り、よく知らない人たちの輪の中にいることは、とても楽しいものです。なぜなら、その場にいる人があなたをよく知っていたら耳にすることができなかった話を、しばしば聞くことができるからです。

適切な距離感を保つことで尊敬され、寛大な対応が受けられる。

どんな会話からでも学ぶ

人との交際にはまったく無益なものはなく、どんな相手との会話でも完全に無意味なものはありません。どんな会話にも、何かしら学ぶべきもの、考えさせられる材料が見つかるものです。すべてのメンバーに、高い教養と洗練された文化を求めてはいけません。むしろ、標準的な理解力と常識を引き出す話題を取り上げ、良識ある人々にそれを発揮する機会を提供しましょう。そして、あらゆる階層の人々と交流することです。そうすれば、時代と環境が要求している人間性や気質を、徐々に身につけることができます。

どんな相手からでも学ぶことが時代に合った人間性をはぐくむ。

自分より賢明な人と話す

会話の相手を選べるのであれば、常に自分より賢明な人、役に立つことを教えてくれる人、お世辞を言わない人、そして、自分より目上の人を選ぶのがいいです。人との交際には、さまざまな能力を持つ人と交わることができるという、有益でためになる機会が多いものです。さらに、私たちが何かを学ぶことができる人と話をするだけでなく、私たちから何かを学ぶことができるのに、自分からはその機会を求められない人と会話をすることも、私たちの義務だと言えるでしょう。しかし、これが恩着せがましい態度になって、人生をどう生きるべきかについて教えるまたとない機会を危うくしてはいけません。

人から学ぶ機会を大切にし、学びを与えることも怠らない。

手紙を送るときのルール

文通は、手紙のやりとりによる会話です。社交上の会話についてお話ししてきたルールのほとんどは、文通にも当てはまります。文通においても、あまり交際範囲を広げてはいけません。大勢の人と文通することに合理的な目的はありませんし、お金がかかるだけでなく、時間も相当に食います。また、親密に手紙をやりとりする相手を選ぶ際には、日常的に付き合う相手を選ぶのと同じくらい、細心の注意を払いましょう。

そして、手紙にはかならず役に立つことや、受け取る相手が喜びそうなことを含めなさい。有効な時間の使い方を知っている人にとって、暇な人が送ってくるくだらない手紙を読み、返事を書く時間は、迷惑以外の何ものでもありません。

相手の時間を無駄にしないように、
手紙には有益な内容をしたためる。

手紙は慎重に扱う

もらった手紙をぞんざいに扱ったために、どれほどの腹立ち、憎しみ、不和が生じるかは、想像を絶するほどです。手紙に書いた取り返しのつかないひと言や、不注意にもテーブルの上に置き忘れたり、うっかり落としたりした一枚の便箋が、多くの人の心から平安を奪い、家族全員の幸福を壊してしまうこともあるのです。手紙だけでなく、書き物すべてに言えることですが、どんなに注意してもしすぎることはありません。念のため言っておきますと、うっかり口に出した言葉は、ほとんどの場合、そのうち人の記憶から消えますが、書かれたものは何年も経ってからでも、大きな害を生み出すことがあるのです。

書き物は大きな不幸を招く可能性があるので取り扱いに注意する。

他人による他人の評価はあてにならない

ほとんどの人は、その友人が言うほど素晴らしい人ではない代わり、その敵が言うほど悪い人でもありません。どちらも話半分で聞いておきましょう。

他人に対する評価は
いい話も悪い話も信じすぎない。

人は行動によって判断する

人は言葉ではなく、行動によって判断しなさい。食べ物や飲み物の好みも調べなさい。シンプルな料理をたっぷり食べるのか、それとも味の濃い、手の込んだ料理が好みでしょうか。歩く様子も観察しなさい。一人で歩くのか、それとも誰かの腕にすがって歩くか。まっすぐ歩いているか、それとも連れのほうへよろめいたり、人にぶつかったり、足を踏んづけたりしているか。その場で検討されたことは、何でも自分が決めないと気がすまないたちでしょうか。また、筆跡にもその人の性格がにじみ出るものです。このように、人を注意深く観察してみるのはいいことです。しかし、いくつかの特徴だけで、その人の全人格を判断するのは公正とは言えません。

人の振る舞いには性格がにじみ出るが、それだけで判断するのもよくない。

自分自身と対話する

自分自身に対して果たすべき義務は最も重要であり、自分自身との対話は、無用でもなければ、面白味のないものでもありません。自分との付き合いを軽視し、他人とばかり付き合い、自分から目をそらし、自己を磨こうともせず、それでいて他人の問題には絶えず口を出すというのは、許しがたいことです。気晴らしばかりしていると、自分の心がわからなくなってしまいます。そうなるとすっかり自負心を失い、たとえ自分と向き合う機会がおとずれたとしてもただ悲嘆にくれるしかありません。自分をおだて、いい気分にさせてくれる仲間としか付き合わない人は、真実の声を避けるようになり、ついには自分の心が発する声にも耳をふさぎます。

自分と向き合う機会を軽視してはいけない。

自分自身と親友になる

あなたにとって最も誠実な友である自分自身を軽んじてはいけません。さもないと、最も必要とするときに、背を向けられてしまいます。世界中の人から見捨てられても自分だけは自分を見捨てるわけにいかないときが、自分との対話だけが慰めになる日がいつかやってくるでしょう。そんなとき自分の心と不仲になっていたら、最後のそして唯一の友である自分からも慰めや援助を一切得られないとしたら、どうするつもりですか？

自分自身を軽んじる人は
いざというとき、自分に見捨てられる。

自分自身に誠実であれ

もし自分との対話に慰め、幸福、平安を見出したいと願うなら、他人と付き合うときと同じくらい、自分自身に思慮分別、誠実さ、礼儀、公正さを示しなさい。自分を軽んじて憤慨させたり、落ちこませたり、お世辞を言って心を腐敗させたりしてはいけません。

他人にするのと同じように、思慮深く自分と付き合いなさい。

心と体の健康に気を配る

自分の体をいたわるように、心の健康にも気を配りなさい。健康でさえあれば、人にも運命にも立ち向かうことができます。しかし、健康でなければ、世界中の富を手に入れても何の価値もありません。過労や不摂生で自分の体を危険にさらす人は、その宝物を粗末にしているのです。まだ現実になっていない心や体の苦しみを想像して悩むのはやめましょう。また、不運な出来事が起きたり、病気になったりするたびにくじけてはいけません。勇気を出して果敢に立ち向かいなさい。不運の嵐もいつかは止みます。心を強く持っていれば、苦難は乗り越えられます。喪失の悲しみも、他のことに気をとられているうち、いつしか記憶から消えていくものです。

心身の健康がなければ
世界中の富を手に入れても価値はない。

自分自身を尊敬する

人から尊敬されたいなら、自分自身に敬意を払いなさい。人に見られたら恥ずかしいことを隠れて行ってはいけません。人に気に入られるためというより、むしろ自尊心を保つためにまっとうに行動するべきです。一人でいるときも服装や外見には気を配りなさい。誰も見ていないからといってぼろぼろの見苦しい服を身につけ、だらしない格好でうろつくのはやめましょう。内面の尊厳を保ちなさい。自分自身への信頼を失ってはいけません。自分が他の人ほど賢明でも有能でもないとわかっても、あきらめずに追いつく努力をしなさい。熱意の炎を弱めてはいけません。高潔な心を持ちつづけましょう。

気に入られるためでなく、自尊心を保つためにまっとうに生きなさい。

自分の長所と正しさを自覚する

人の上に立ちたい、目立ちたいという欲望は抑えるべきです。自分には優れた能力や長所があると思いこんでいる人にとって、偉大な人間になりたいという欲望を克服することがいかに困難か、私はよく知っています。しかし、軽蔑すべき頭の悪い連中が、大した努力もせずにいっぱしの目標を達成し、傲慢にもあなたを見下している――これは実につらい状況です。それでも、絶望してはいけません。自分に自信を持ちなさい。周囲の人々にも、運命にも、世間の称賛にも左右されない尊いものが存在します。それは、自分の長所と正しさを自覚する意識のなかにあります。その存在は、他人が気づかなければ気づかないほど強く感じられるのです。

たとえ他人が気づかなくても、あなたの尊さはそこに存在している。

自分自身にとって好ましい伴侶となる

自分自身にとって、好ましい伴侶になりなさい。ずっとほったらかしではいけませんが、頭のなかに蓄積した知識に頼ってばかりいるのもよくありません。常に書物や人から、新しい知識を仕入れましょう。気に入った考えばかり巡らしていると、自分に対しても他人に対しても、きわめて退屈な人間になってしまいます。そして、自分がいつも考えていることと異なる意見を拒絶することに、あっというまに慣れてしまうのです。

気に入った考えに固執せず、常に新しい知識を仕入れる。

自分に対しての厳しさも必要

とは言っても、好ましく愉快な伴侶であることだけで満足してはいけません。自画自賛は控え、自分にとって最も誠実な、最高の友でなければなりません。知人に対するのと同じくらい、自分に対しても親切でるのと同じくらい、自分に対しても親切で愛想よくありたいと思うなら、他人に対するのと同じくらい、自分に対して厳しく公正でなければなりません。私たちは他人の行動に関してはきわめて厳格に批判しておきながら、自分に対してはひどく寛大になる傾向があります。仲間が過ちを犯したときは容赦がないくせに、自分が正しい道からはずれたときは、それを運命や抗しがたい衝動のせいにしてしまいます。これはまったく理不尽なことです。

他人に対するときと同じぐらい、ときには自分を厳しく審査しよう。

他人を基準に自分の価値を測らない

よく私たちは、同年代で似たような境遇にいる人と自分を比べて、自分のほうがましだなどと考えますが、他人を基準にして、自分の価値を測ってはいけません。自分の価値は、自分の能力や受けてきた教育、そして、これまでに得た機会によって判断すべきです。そうした機会を得たことで、あなたは人より賢明で優れた人物になれたのですから。一人でいる時間に、こうした点から公正に自分を評価してみましょう。そして、さらに完璧な人間に近づくために、こうした機会をどのように活用してきたか、公平な立場で自分に問いかけてみてください。

恵まれた機会を生かせているか、公平な立場で自問自答してみよう。

第4章

どんな人とも
うまく付き合える
考え方

こんな人へ

周囲の人に振り回されていると感じている人

苦手な人との付き合い方を知りたい人

周囲の人の性格をもっと詳しく知りたい人

世の中にはいろいろなタイプの人がいます。強情だったり、虚栄心が強かったりして、付き合うのにとても骨が折れることもあります。ただ、どんな人に対してもとるべき態度はあり、相手の性格と特性に合わせて柔軟な対応をするべきだというのがクニッゲの主張です。実に30以上のタイプについて解説されているので、周囲の人を思い浮かべながら読んでみてください。

尊大な人

尊大な気性の人は対応がきわめて難しく、友好的な社交の場にはまったく不向きです。いつでも中心人物でなければ気が済まず、どんな場合でも同調を求めます。しかし、いったん自分が先頭に立つと、あるいは少なくともそう思いこむと、あくなき情熱を持って事に当たり、途中に立ちはだかる困難をすべて克服します。尊大な人間が二人、同じ目的を達成するために手を組むと、ろくなことにはなりません。内なる激情に駆り立てられ、自分の邪魔をするものはすべてぶち壊すからです。ですから、こうした人が集まる社会で暮らさねばならなくなったとき、どう振る舞えばよいかはすぐわかるでしょう。

**尊大な人は情熱的なので
先頭に立ってもらう。**

野心家

野心家の場合も、尊大な人と同じくらい慎重に対応しなければなりません。尊大な人の多くは野心的でもあるのですが、野心的な人がすべて尊大な気性を持っているとは限りません。それで有能な人間だと思われるなら、従属的な役割を演じても満足しますし、屈服することに誇りを感じる場合もあるようです。しかしながら、人からこの弱点を突かれると、手がつけられないほど激怒します。

野心家には様々な
タイプがいるので慎重に対応する。

虚栄心の強い人

虚栄心の強い人はおだてられるのが大好きで、人から褒められると、このうえない喜びを感じます。人から注目され、好意を示され、称賛されればそれで満足するので、とくに敬意を示す必要はありません。善良な人がこの弱点を持っていたとしても大目に見て、ときには褒め言葉の一つもかけてあげるといいでしょう。褒められたうれしさのあまり、たまに天狗になるくらいは許してあげなさい。しかしながら、低俗なおべっか使いになり下がるのは、まことに恥ずべきことです。

虚栄心の強い人には
好意的な言葉をかけ、寛容に接する。

傲慢な人

傲慢な人は、自分が実際に持っていない美点を自慢したり、本来何の価値もないものを鼻にかけたりします。誰も認めていないにもかかわらず、誰よりも自分を称賛しているのです。誰からも称賛されないと、自分の能力や技術は自分で思うほどたいしたものではないのかもしれないと、殊勝なことを考えるどころか、世間の人はみな趣味が悪いと非難します。傲慢な人はたいてい愚かで無知なので、理を尽くした説得では効を奏しません。食い止めるには、同じく傲慢で思いあがった人間にお返しをさせるか、その傲慢さに気づかないふりをしているか、たとえ相手に助けてほしいときでも、相手がそこにいないかのように冷ややかに見ているのが一番です。

傲慢な人は理屈が通じにくいので、少し突き放しても構わない。

神経質な人

一緒にいなければならない人が、ちょっと軽率な言葉を口にしたり、疑いのまなざしを向けたり、無視したりしただけで苛立つとわかったら、その原因を突きとめることが肝要です。すぐに感情を害するのは、うぬぼれや野心で思い上がっている――これが最も多い原因です――からか、悪い人に何度も騙されてきたからか、非常に傷付きやすい心の持ち主だからでしょうか。それとも、自分が与えた分だけ受け取らなければ気がすまない性格だからでしょうか。それがわかったら、それなりに行動を調節して、苛立ちの原因となることを避けなければなりません。

相手が神経過敏になる原因を突き止め、それに合わせて行動を調節する。

強情な人

強情な人と付き合うのは、厄介で骨が折れるものです。ただし相手に分別がある場合は、それほどでもありません。怒りを爆発させたとき、こちらが反論したり敵対したりせずにいると、しだいに理性の声に耳を傾け、自分の醜態と私たちの寛大さに気づき、少なくともしばらくの間は、態度を軟化させるからです。しかし、本当に大変なのは、強情な上に愚鈍で無知な人です。こちらが穏やかに話し合いながらやっていこうとしても通用しません。いっそ思い通りに、計画や仕事をやらせてみましょう。しばらく自らの軽率さと強情さが招いた結果に苦闘させておくのです。すると、謙虚で従順になり、自分には知性ある指導者が必要だと気づく場合が多いです。

強情で分別のない人には
思い通りにさせ、誤りに気づくのを待つ。

けんか腰の人

けんか腰の人には、次の三つのタイプがあります。知ったかぶりをし、人が言うことには何でも食ってかかるタイプ。奇抜な意見を言うのを好み、良識のある者ならまともに取り合わない主張をするタイプ。気の弱い人間に議論を吹きかけて勝利の味を占めようとするタイプの三つです。最初のタイプの人とは決して議論をしないように。二番目のタイプには、たまには面白がって、相手の持論を弁護してやるのもいいでしょう。三番目のタイプは最も厄介で付き合いたくないところですが、どうしても断れないときは、適度な距離をおき、冷静にその粗暴な攻撃を避けましょう。避けきれなかった場合も躊躇せずにきっぱりと自分の言い分を伝えることです。

けんか腰の人の挑発に乗らず、適切な距離を置く。

怒りっぽい人

怒りっぽい人は、故意に人に不快感を与えるわけではありません。みずからの激情をコントロールできず、しばしばカッとなって我を忘れ、大切な親友でさえ傷つけてしまうのです。あとで自分の軽率さを悔いても、どうにもなりません。もし相手に他に長所があって、機嫌を取るだけの価値があるなら、思慮深く話を聞き、穏やかに応対してあげなさい。それが理性を取り戻させる唯一の方法です。ただし、やる気のない冷淡な態度で応対すると、どれほど激しく反駁（はんばく）するよりも、相手の怒りに火を注ぐことになります。馬鹿にされていると思って、相手はさらに逆上するでしょう。

怒りっぽい人は悪気がないことも多いので穏やかに応対する。

執念深い人

執念深い人は、腹が立つことがあっても、憤懣を心の中に秘め、恨みを晴らす機会が訪れるのを待ちます。侮辱されたことは決して忘れず、許しもしません。実際に危害を加えられたにせよ、勝手にそう思いこんでいるだけにせよ、千倍もの仕返しをせずにはいられません。ちょっと気に障っただけでも、本気で仕返しをしてきます。誇りを傷つけようものなら、相手の幸福をことごとく破壊します。復讐の矛先は当事者のみにとどまらず、その家族や社会的立場、はては友人にまでおよびます。対策としては、気に障りそうな言動はできるだけつつしみ、あなたに対して一種の畏敬の念を抱かせるようにすることぐらいしかありません。

執念深い人には畏敬の念を抱かせるようにすること。

怠惰で無気力な人

怠惰で無気力な人は、絶えず励ましつづけることが必要です。誰でも一つぐらいは情熱をかき立てられるものを持っているので、それを刺激することで、こうした人をやる気にさせる機会を作りましょう。この気質を持った人の中には、ちょっと面倒だというだけで、やるべきことを先延ばしにしている人がいます。手紙に返事を書く、領収書を書くといったことが、この上なく面倒な準備を必要とする、大仕事に思えるのです。こうした人に差し迫った用事を片づけさせるには、ときには力ずくででも実行させることが必要です。すると、最初は不機嫌だった相手も、たいていは私たちのおせっかいに感謝の意を表すものです。

怠惰な人は先延ばし癖があるので、絶えず励ます。

社交的ではない人

疑い深く、陰気で、打ち解けない人は、高潔で公正な人にとって最も付き合いにくいタイプで、往々にして苦々しい思いをさせられます。なにせ相手は、こちらの無防備な一挙一動にも警戒心をあらわにし、取るに足らない出来事にも狭量な疑いの目を向けているのですから。この種の人たちには、常に率直で寛大な態度で接することです。そして、あなたの行動の原因、動機、目的をできるだけ教えてあげなさい。相手の感情を刺激するような隠しごとはいけません。何でも相談し、共同で事に当たりなさい。そうすれば、だんだんあなたを信頼するようになります。少なくとも、あなたの誠実さに対して抱いていた疑いを、徐々に晴らしていくでしょう。

疑い深い人には隠しごとをせず、率直な態度で接する。

嫉妬深い人

妬みや嫉妬は、意地が悪くて心の卑しい人だけが持つ性質だと思いがちです。しかし、このたちの悪い性質は、他の点では優れた性質をいくつも持つ人の心のなかにも、かなり頻繁に見受けられるのです。人の嫉妬心を刺激したくないのであれば、自分の成功、長所、才能はなるべくひけらかさないようにするのが賢明です。そしてあなたを妬んでいる人が持っている優れた点に目をつけ、その長所に気づいていることを伝えましょう。自分にも素晴らしいものがあるのだと、相手に納得させるのです。そうすることで、相手は少なくともある程度は、あなたが優越的な立場にあることを受け入れ、苛立ちを和らげ、悪しき性癖を改めることでしょう。

嫉妬深い人の美点を見つけ、口に出してほめる。

けちな人、浪費家

けちな人は、金銭欲以外の別の欲に取りつかれている場合があります。色欲、食欲、野望、好奇心、賭けごと、その他さまざまですが、その欲を満たすためにお金を貯め、倹約し、人をだまし、それ以外のことはすべて我慢します。一枚の金貨のために友人や兄弟姉妹さえも裏切り、世間に悪名をさらすのも厭いません。このように強欲な人間に嫌われたくなければ、相手に何も要求しないことです。浪費家と交際する場合、まっとうな人間がその悪例に惑わされて、ばかげた出費を招かないように気をつけましょう。さらに、彼らの無分別な気前のよさを、自分や友人の利益のために利用するのは、誠実な人間のすることではありません。

強欲な人には何も要求せず、
浪費家を利用するようなこともしない。

恩知らずな人

あなたが慈悲深く寛容であれば、たとえ恩知らずな仕打ちをされようと、そこから別の満足感を見出すことでしょう。すなわち、自分は人間としてやるべきことを、愛のみから行ったのだと自覚することで、新たな喜びを感じるのです。そして、恩を忘れてしまえる人間を嘆きつつも、心の弱い人間ほど、そして不幸な人間ほど、自分の援助を必要としているのだからと、奉仕に意欲を燃やします。ですから、恩知らずな仕打ちをされても、不平を言ったり、相手を非難したりしてはいけません。常に寛大な態度で接しなさい。そして、もし相手があなたの元へ戻ってきたら、受け入れてやりましょう。そうでなくても、悪行の報いはおのずと下ります。

恩知らずな相手を非難せず、心の弱さを受け入れる。

陰謀好きの人

策略や陰謀をめぐらす人間に対しては、常に率直で寛大な態度で付き合いなさい。そして、自分は策略、陰謀、欺瞞と名のつくものは一切、断固として憎むという意志を言葉と行動で示すのです。あなたをあざむくようなことがあれば、その不誠実さをいい加減なことですませてはいけません。相手が悪の第一歩を踏み出したところで最大限の憤りをあらわにしましょう。しかし、手を尽くしても彼らが更正せず、あなたをあざむきつづけるなら、彼らに軽蔑という罰を与え、完全に改心するまでその言動の一切を信用しないと伝えることです。ただし、いったんこうした習性が身についてしまった人が、まっとうな道に戻ってくることはまずありません。

陰謀好きな人には迎合せず、毅然とした態度を示す。

ほら吹き

ほら吹きは、作り話をしたり、事実を誇張したりしますが、それはひとえに自分をよく見せたい、人から注目され評価されたいという思いからです。そして、真実を犠牲にしてでも、出来事や逸話や文章を、装飾したり誇張したりする習慣がいったん身につくと、自分のほらや自慢話を自分で信じこみ、すべてのことを拡大鏡を通して見るようになります。あまりに誇張が過ぎるようであれば、ささいなほころびを捕まえて質問攻めにし、相手が自分で張った網に自分でかかるように仕向けましょう。あるいは、相手がほら話をするたびに、さらに輪をかけたこっけいなほら話を返して、そんな話を真に受けるほどバカではないとわからせてやりましょう。

ほら吹きの誇張が目に余るときは、ほころびを突いてやりこめる。

厚かましい人

ずうずうしい人、ごくつぶし、寄生虫のような輩、おべっか使いとは適当な距離をおき、あまり親しくなってはいけません。そして、彼らと付き合ったり仲よくしたりする気はないことを、丁重にではなく、冷淡できっぱりした言動でわからせてやりなさい。

厚かましい人とは距離をとり、きっぱり拒絶する。

悪党

悪党とは、教育放棄や悪い仲間などのせいで心根が腐ってしまい、本来のまともな性格が、その痕跡すら見えなくなってしまった人間のことです。あなたが心の平安と道徳的な向上を真剣に求めているのであれば、できればこの種の人間との付き合いは、完全に断ち切るべきです。あらゆる卑劣さに対する嫌悪感さえあれば、誘惑の瞬間にも堕落から身を守れます。ところが、悪党に目が慣れてくると、この嫌悪感が徐々に失われてしまうのです。人生にはしばしば、悪党どものただなかで暮らしたり、共同で仕事をせざるをえない状況があります。そんな場合は、くれぐれも慎重に切り抜けていきましょう。

心根の腐ってしまった悪党との付き合いは完全に断ち切る。

小心者

あまりにも慎み深く、小心な人は、自信を持つことでみずからを励まし、奮い立たさねばなりません。軽率さや横柄さは見下げるべき性質ですが、小心も度が過ぎると、卑怯になります。高潔な人は自分の価値をないがしろにしがちですが、他人だけでなく自分も正しく評価すべきです。しかしながら、奥ゆかしい人はあまりに褒めそやされたり、あからさまに厚遇されたりすると、気を悪くしてしまいます。ですから、こういう人に対しては、敬意を言葉より行動で示しましょう。これは、偽りない好意を示す、最高の証明です。

**小心な人に対しては
言葉ではなく行動で敬意を示す。**

軽率でおしゃべりな人

言うまでもないことですが、軽率でおしゃべりな人には、秘密を打ち明けてはいけません。もちろん世の中に秘密というものが一切なく、常に腹蔵なく率直に行動し、誰にでも心の奥にある考えを打ち明けることができれば、それに越したことはありません。また、誰に知られてもかまわないことしか考えたり言ったりしないですめば、それが一番よいのです。しかし、いつもそういう訳にはいきません。ですから、誰に秘密を打ち明けるべきか、十分用心してかかりましょう。

秘密は避けられないので、おしゃべりな人に話すのは避ける。

詮索好きな人

他人のプライベートを探るのを仕事にしているような好奇心の強い人に対しては、状況によって異なった対応が必要です。プライベートな問題にちょっかいを出されたり、盗み聞きのまねをされたり、計画や行動を詮索されたくないなら、無礼きわまる干渉は断固として阻止すると力強くきっぱりと宣言しなさい。あなたの個人的な事柄に少しでも口を出すそぶりを見せたら、はっきりと怒りを示しましょう。しかしながら、もし相手の詮索好きをだしに気晴らしをしたいと思うなら、ささいな情報を小出しにして相手の好奇心を引きつけておくのもいいでしょう。そのうち隠しておきたいことを詮索するそぶりを見せたら、さっさとお払い箱にすればいいのです。

詮索好きな人が一線を越えないよう、はっきりと怒りを明示する。

注意力が散漫な人

注意力が散漫で忘れっぽい人は、正確さを求められる仕事には不向きです。若いうちならこの欠点を克服し、訓練によってしっかりした人間に成長する可能性もあります。活力がありあまって注意力が散漫になっている人は、年を取って落ちついてくると、この欠点が見られなくなる場合が多いです。なお、もともと注意力が散漫な人が、常識的な礼儀や配慮に欠けた行動をしても、それが意図的ではなく悪気もないのであれば、いちいち目くじらを立てるのはやめておきましょう。

注意力散漫な人の行動にいちいち、目くじらを立てない。

変人

変人と呼ばれる人たちがいます。例えば、部屋に椅子を置くと場所がおかしいと文句を言い、風変わりな物に凝り、奇妙な服装や話し方をし、文字の書き方も一風変わっています。分別のある人が、こんなどうでもいいことにこだわるはずがないと思われることでしょう。しかし、他のことではまともで公正な判断ができるのに、こうした点においてだけ、どうしようもなく厄介な人がちょくちょくいるのです。こういう人から高い評価を得なければならない場合は、自分の名誉と品位を保てる範囲内でその風変わりな趣味に合わせ、どうでもいいことで満足させておくのがいいでしょう。誰にでも欠点はあるのですから、お互いに寛大な心で許し合いましょう。

欠点はお互い様だと割り切り、変人を許す。

気まぐれな人

その日の気分によって態度が変わる人、例えば、今日はこのうえなく愛想よく、親切に対応してくれたのに、明日はそっけなく冷淡に振る舞う、そんな人に対しては、相手のまるで潮の満ち引きのようなきまぐれに振り回されないよう、常に用心深く接しなさい。しかしながら、人知れぬ悩みがあって気まぐれな行動に出ているのなら、同情を寄せてあげましょう。

気まぐれな人には用心深く接して
振り回されないように。

気が弱い人

性格はいいのに気が弱い人と付き合う場合、その人の周りには弱い者いじめをせず、意地悪な行為を評価しない、善意の人々が集まるように気を配りましょう。弱い者いじめはしてはなりません。要求する権利もないのに、気の弱い人から利益や贈り物や援助を取り上げてはいけません。また、他人が弱い者いじめをしないように気を配りなさい。臆病な人を励まし、力を貸してあげなさい。気が弱くて自分の権利を主張できない人の代弁者になってあげなさい。そういう人が助けを必要としていれば、いつでも応じてあげましょう。

臆病な人には気を配って味方になり、いつでも助けになってあげよう。

皮肉屋

皮肉屋と付き合うときは十分警戒しなさい。と言っても、その鋭い舌鋒を恐れろと言っているのではありません。びくびくしたりしたら、相手の思うつぼです。ただ、彼らの毒舌につられて、一緒になって相手を攻撃してはいけないと言っておきたいのです。そんなことをすれば、相手もあなた自身も傷つきますし、寛容の精神からはずれてしまいます。ですから、皮肉屋を調子に乗せて、他人をだしに自分の機知をひけらかす性癖をあおってはいけません。また、彼らが知人を痛烈に揶揄し、あざけっているとき、一緒になって笑ってもいけません。

人を傷つける皮肉屋の話に巻き込まれないようにする。

悪習に染まっている人

大酒飲み、色好みなど、悪習に染まっている人には近づかないようにしなさい。しかし、いつもそういう訳にいかないなら、悪い影響を受けないように、自分の身を守りましょう。彼らがどれほど楽しげに見えても、不品行にふけるのを黙認せず、身に危険がおよばない範囲で、断固として不快感をあらわにしなさい。とくに猥談には加わらないよう注意しましょう。まっとうな人間は、このようなモラルの低下にわずかでも加担してはなりません。相手が誰であれ、毅然とした態度で嫌悪感を示しなさい。それでも相手が変わらないなら、自分は良識や美徳を重んじているので、自分の前では話題に配慮してもらいたいと説得だけはしてみましょう。

悪習に染まった人の品のない話題にはきちんと嫌悪感を示す。

熱狂のうちにある人

熱狂者、夢想家、奇人は、妄想の世界で生き、常に尋常でないもの、超自然的なものに心を奪われています。世直しを口にするくせに、家庭の問題はほったらかしです。重要な問題を軽く考え、ばかばかしいことに狂喜します。こうした熱狂者に何らかの真実を得心させたいと本気で思うのであれば、彼らが自らの愚行を弁護するのに負けないくらいの熱意を持ち、まっとうな道理を説きなさい。しかし、こうした人々を更生させるのはきわめて難しく、愚行から足を洗うのを自然に任せて待つのが最上の策でしょう。奇人については、精神病院に収容するほどでもないなら、好きなようにさせておきなさい。世界は広いので、こうした人の居場所も十分にあるはずです。

熱狂者を得心させるのは難しいが熱意を持って道理を説いてみる。

偽善者

偽善者は、甘言を弄し、媚びへつらうのを習慣にしていて、常に警戒を怠りません。権力者や金持ちの奴隷となり、優勢な集団を支持し、恵まれた人の友人にはなりますが、決して私欲を捨てて孤立した人の擁護者になることはありません。常に誠実さと信仰心を口にし、多額の施しをします。他人の過ちを許すときは、自分が実際より十倍も神々しく見えるようなやり方を用います。こういう種類の人間とは決して親しくなってはいけません。可能な限り避けなさい。自分の心の平安と幸福を大切に思うなら、彼らを怒らせたり、傷つけたりしないよう、十分注意しなさい。

偽善者とは決して親しくなってはいけない。

無神論者

一般に理神論者(*)、無神論者と呼ばれる人たちは、その対極にいる熱心な信仰者ほど寛容ではありません。なぜなら、この人たちは本質的な幸福や、生と死についての強力な救いを知らないからです。ただし、彼らが市民としての義務を果たし、他人の信仰を邪魔しないなら、私たちは同情どころか、敬愛のまなざしを向けなければなりません。しかし、宗教を軽視するふりをして人に改宗を説く人、自分と考え方の違う人はすべて迫害し、軽蔑し、非難し、偽善者の焼印を押す人——こうした下劣な輩は、軽蔑してしかるべきです。

他人の信仰を尊重する無神論者には敬愛の念を。

＊理神論…神を世界の創造者としては認めるが、人格的存在としては認めず、預言・奇跡・啓示は否定する学説

心を病む人

精神障害に苦しむ人々に関しては、その疾患の主要な原因を発見し、その疾患を引き起こしたのはある特定の器官の不調なのか、あるいは特異な気質なのか、感情の激しさなのかを突きとめることが最も重要だと思われます。そのためには、発作がおさまった後はもちろん、相手が混乱状態に陥り、訳のわからないことを言っている最中も、彼らが幻覚のなかで主に何を見ているか、何を考えているのかを見きわめなければなりません。そうするうちに、彼らは現実に呼び戻され、徐々に回復に向かうことができるでしょう。それから、監禁をはじめとするあらゆる手荒な治療は、たいていの場合、病気をさらに悪化させるだけです。

心を病んだ人には手荒なまねをせず、じっくりと向き合う。

第5章

友情、恋愛、家族愛についての考え方

こんな人へ

恋愛や結婚について悩んでいる人

パートナーとの関係を改善したい人

友人といい関係を保ちたい人

パートナーや家族、仲の良い友人との人間関係は幸福な人生を送るために不可欠なものです。しかし、良好な関係を保つためには努力が必要です。この章でクニッゲは「相手に愛と思いやりを義務として要求するなら、自分がそれに値する人間になるよう努めなさい」といった言葉で、大事な人間関係を守るために必要なお互いに対する敬意や果たすべき義務について詳しく解説しています。

さまざまな世代の人と付き合う

交際するなら、同じ年恰好の人のほうが好都合な点も多く、楽しいものです。しかし、生まれつきの性格、教育、運命、職業の違いによって、しばしば世代間の境界は広がったり、縮まったりします。いつまでも子どもっぽさを残している人もいれば、実年齢より早く老ける人もいます。年齢に関係なく、賭けごと、飲酒、陰口に熱中することで、老人と若者、老婦人と若い娘が意気投合するというのも、よくあることです。これは冒頭の所見からすると例外的なものですが、これから述べようとしている、さまざまな年代の人との付き合い方のルールの価値を減じるものではありません。

年齢とともに人の気質は変わるので、色々な年代の人と交際してみる。

無理して若作りしない

老人が若者の習性に敬意を表すのは素晴らしいことではありますが、年甲斐もなく若作りをして粋がったり、大勢の前で浮かれ騒いでひんしゅくを買ったり、半世紀近くも生きてきた婦人が若い娘のような服装で色気を振りまき、若い女性と恋のさや当てを演じたりするのは、いかがなものかと思われます。このような見苦しい行動によって軽蔑されても、それは当然の報いです。一定の年齢に達した者は、若者に老人をあざ笑う機会を提供すべきではなく、齢を重ねたことで当然受けるべき尊敬を払われないことがあってはなりません。

一定の年齢に達したら、若者に尊敬されるような振る舞いをする。

老人を敬う

長い人生の旅も終わりに近づくと、心配ごとや嘆きばかりが増え、楽しみは早足で逃げ去っていきますが、早晩大切な人やものに永遠の別れを告げねばならない人たちの残りの日々をできるだけ安穏なものにできたら、それは素晴らしいことです。そこで私は、すべての若者たちに声を大にして言いたいと思います。「白髪の老人の前では起立しなさい。しわの刻まれた顔に敬意を表しなさい。経験豊かな老人との交流を求めなさい。冷静な分別による忠告や、経験に基づく助言を軽視してはいけません。あなたが年老いて髪が白くなったときに、人からしてほしいと思うように老人を遇しなさい」。ただし、年老いても愚かな人がいることは否定できません。

年老いた人の経験や、知識、助言に敬意を払う。

子どもとの付き合い方

子どもがいるところでは、ふしだらな発言や行為はつつしみ、慈悲、信頼、誠実、礼儀正しさといった美徳の見本となるよう振る舞いましょう。つまり、可能な限り彼らの向上に寄与することが大人の子どもに対する神聖な義務なのです。けがれを知らない柔らかな子どもの心は、善なるものを吸収するだけでなく、邪悪なものに対しても等しく開かれています。ですから、子どもと付き合うときは、口にする言葉も行動も、まごころから出たものでなければなりません。子どもが理解できるようにへりくだった調子で話しましょう。多くの大人がよくするように、からかったり、怒らせたりしてはいけません。子どもの性格にきわめてよくない影響を与えます。

誠実な態度で子どもの成長に寄与することは大人の義務である。

結婚相手は慎重に選ぶ

将来の家庭生活の幸福を、不誠実で当てにならない偶然の手に委ねたくないなら、人生の伴侶を決める際に十分慎重になるべきです。しかしながら、たがいの人生を楽しいものにしよう、たがいの負担を軽くしようと努力せず、それどころか、二人が正反対の嗜好や願望を持ち、別々の道理に従っている夫婦がいます。これに劣らず不幸なのは、どちらか一方が不満や嫌悪感を持っている場合です。また、どちらかが常に受け取ることだけを期待して与えようとせず、足りないもの、してほしいことを絶え間なく要求し、助言、援助、注目、気分転換、快楽、安らぎを求め、自分からは何も返さないというケースもあります。

おたがいの人生を楽しいものにしようと努力できる相手を選ぼう。

結婚相手とは価値観が違ってもいい

幸福な結婚生活を維持するのに、かならずしも性格、気質、考え方、あるいは能力や趣味が完全に一致している必要はないと思います。違いがあまりに大きすぎたり、根本的な信条にまでおよばない限り、むしろ性格や趣味が一致しないほうが幸福になれるケースが多いかもしれません。文学青年たちは自分の将来像の横に、理想のパートナーの姿を描くでしょうが、そんなとき、年老いた気難しい父親や後見人が口出ししてやることが、おおいに若者のためになります。配偶者選びについてはこれくらいにしておきましょう。ここでは述べきれないテーマですので。

配偶者とは性格や趣味が違う方がうまくいく。

愛されるために努力する

あなたが自分の義務をきわめて几帳面かつ入念に果たし、確固とした計画に従って行動したなら、妻から心底愛されることを期待していいでしょう。そして、最終的には、たった一つの美点や優れた業績によって、妻の心に一時的に強い印象を与える人よりも、妻はあなたを好ましいと思うことでしょう。相手に愛と思いやりを義務として要求するなら、自分がそれに値する人間になるよう努めなさい。そして、妻が他の誰よりも自分を尊敬し、愛することを望むのであれば、結婚式での妻の誓いの言葉だけに期待をかけるのではなく、他の男性よりあらゆる面で優れた、愛されるにふさわしい人間になれるよう、不断の努力をするべきです。

あらゆる義務を果たす人だけが愛される資格を持つ。

浮気されないために

魅力的なよそ者がふいに現れて、一時的にせよ伴侶に好ましい印象を与え、家庭の平和にさざなみが立つことがあります。夫婦というものは、最初の盲目的な愛が消え去った後も、他人の魅力に目移りしないよう、たがいに愛情を温め合わねばなりません。たまに顔を合わせるだけの他人は、そのよいところしか目に入らないものですし、いつも一緒に暮らしている相手が言わないようなお世辞も言ってくれます。しかし、夫が自分の義務を忠実に果たし、卑しい羨望やばかげた嫉妬のそぶりも見せずにいたら、こうした一時的な気の迷いはそのうち消えてしまいます。

たがいに愛情を温め合えば、気の迷いはじきに消える。

浮気をしないために

誠実で慎重な人は、魅力ある異性の誘惑から身を守るべきです。若いうちは想像力と情熱に火が付きやすく、冷静な理性でも心をコントロールしきれないので、そうした危険な機会はできるだけ避けるようにしましょう。若い男性が何度か付き合った女性を妻より愛しく思いはじめ、心に恋の炎が燃え上がりそうになったら、あるいは少なくとも幸福な家庭にひびが入りそうになったら、その女性との関係がなくてはならないものになる前に交際を一切断ち切るのが賢明です。とくにセクシーな女性と付き合う際には、この慎重の心得を思い出してください。

誘惑から身を守るため、危険な機会を遠ざける。

相手の心を独占しない

結婚したからには、相手の心を独占する権利があり、どんなに好ましい人であろうと他の異性に心を惹かれないことを要求できるとばかげたことを考える人がいます。しかし、それほど浅はかで家庭生活を息苦しく惨めにする思いこみはありません。こうした要求は、すでにどちらかが性格の違いなどが原因で相手から多大な犠牲を強いられている場合、いっそうばかげた不当なものに思えます。例えば夫が好ましい女性と付き合うことで気持ちを高揚させ、ほんのしばらく憂さを忘れ、温かい心と元気を取り戻そうとしたなら、妻は夫を非難するよりむしろ感謝すべきです。愚かにも夫を怒らせて絶望へ追いこみ、怪我でもさせられるよりはずっとましです。

行き過ぎた独占欲は家庭生活に危機を招く。

夫と妻、どちらが裕福なほうがよいか

夫と妻とどちらが裕福なほうがよいかと聞かれたら、私は夫が裕福なほうがよいと答えます。収入の少ないほうが相手に依存せざるをえない状況なら、家長である夫が家計の大部分を負担するほうが自然ではないでしょうか。裕福な妻と結婚した男性は、妻の奴隷にならないよう、十分な注意が必要です。もし私の妻が多額の財産を持っていたら、私は妻に、自分は金に不自由しておらず、たいして金のかからない男であることを証明して見せ、必要な金は自分で稼ぎ、自分の生活費は自分で払い、自分は妻の財産の管理者になるだけだと、懇々と言って聞かせるでしょう。

配偶者が裕福でも必要な金は自分で稼ぎ、自立心を失わないこと。

夫婦間で価値観に差がある場合

幸福な結婚生活を送るために、夫と妻の考え方や性格が完全に一致している必要はありません。しかし、夫が大切にしているものに、妻が全く関心を示さなかったら、夫の立場はかなり哀れなものになることは否めません。愛情に満ちた言葉をかけても冷淡な返事しか返ってこなかったり、想像力が生み出した素晴らしい作品を価値のわからない伴侶に壊されたりするのは、気の毒なことです。こうした場合、伴侶の改心が期待できないなら、説教はしない。何を言っても効果がないなら、黙っている。自分が激怒したり、妻の愚かさのために人前で笑い者にされたりする恐れがある機会はすべて避ける。そうすれば、そこそこの幸福を味わうことができるでしょう。

無理解な伴侶とも忍耐強さを持って付き合っていく。

恋愛中の人への対処

恋愛中の人と理屈通りに付き合うのは、なかなか難しいことです。彼らは酔っぱらいと同じで世間一般の社交には適しません。恋の相手のことしか頭になく、他のことはまったく目に入らないのです。彼らとの付き合いが避けられないなら、しかも、友好的な関係を保つ必要があるなら、彼らが恋人について滔々と語るのを、あくびをしないで聞けるだけの忍耐力を備えておかねばなりません。信望を得たいなら、彼らの話を興味深げに聞き、愚行や奇行にも腹を立ててはいけません。

恋は盲目なので大目に見る。

恋の喜びは口にしない

相思相愛の真実の恋をしているなら、その喜びは一人でひっそりと味わいなさい。その恋がもたらす恵みを他人に自慢するのも、相手に対して仰々しく表現するのも控えましょう。たがいの気持ちはまだ言葉では伝え合っていないものの、相手のまなざしや物腰から、その秘めた思いがくみとれるときというのは、無垢な恋愛のなかで最高に幸福な時期です。そういう喜びを、相手に告げることなく、与えたり受け取ったりする瞬間こそ、恋愛の醍醐味と言えるでしょう。その喜びは口に出したとたん価値を失い、品位を保ってやりとりすることが難しくなります。

恋愛の醍醐味を人に伝えないこと。

安易に結婚の約束はしない

思慮の浅い若者の多くが安易に結婚の約束をし、将来の基盤を惨めなものにします。愛の陶酔のなかで若者は結婚相手を決めるステップがどれほど重大なものであるか、そして、これが自分自身に対するもっとも困難で、危険な義務であることを忘れてしまうのです。そうやって選んだ伴侶ですが、情熱に浮かされた目には美点と映ったものも、冷静な分別を取り戻してみると、錯覚だったことに気づきます。しかし、外見に惑わされて、とんでもなく惨めな状況に陥ってしまったと気づいたときは、すでに遅すぎるのです。しかし、恋に心を奪われている人に、冷静な忠告や分別のある意見をしてみたところで、何の役にも立ちません。

情熱に浮かされたまま大事な判断を下さない。

離婚するときの注意点

好もしい女性と愛し合い結婚しても、不運や心がわりが原因で離婚せざるをえない場合が出てきます。そういうことになっても、自分の名誉のため、狭量な態度を取るのはやめましょう。衝動に負けて、見苦しく復讐したり、相手からもらった手紙や打ち明けられた秘密を悪用したりしてはいけません。かつて愛した女性を中傷する男性は、分別のある人から軽蔑されても当然です。他の点ではたいして魅力のない男性が、その卓越した分別と細かい心遣いのために、洗練された女性の愛を一身に受けている例も数多くあります。

一度愛した女性を中傷する男は軽蔑される。

健康を保つ

自分で自分を守れるだけの堅固な意志と覚悟を持った女性でさえ、女性は保護を必要とし、男性は女性を保護すべき存在であるという意識を持っているものです。そのため控え目で優しげな女性でさえ、心身が虚弱な男性には嫌悪感を抱きます。彼女らは病気や怪我などで苦しむ人々に対してはこの上ない同情を寄せます。しかし、慢性的に虚弱な状態がつづき心身の機能を自由に使えない男性は、慎み深く貞淑な女性の愛情さえ得ることは難しいでしょう。

心身が健康な男性が女性の愛情を受ける。

服装で異性への印象は変わる

もう一つ言っておきたいのは、清潔で趣味のよい服装は女性に気に入られるための重要な要素だということです。女性たちはこの項目における手抜きをなかなか見逃してはくれません。

手を抜いた服装は女性に見放される。

他の女性を褒めない

自分には優れた才能があると自負している女性の前で、同じ才能を持つ他の女性をあまり褒めてはいけません。ライバル視している場合はなおさらです。美貌、趣味、才能、その他何であれ、自分の長所を意識し、注目されたがっている人は、自分だけが称賛されたいという願望を持っていて、しかも、女性はとくにその傾向が強いです。また、女性と話をしているとき、本人の子どもであれ他人であれ、誰かに似ていると感じても、それを口にしてはいけません。

自分だけがほめられたい、という思いを汲んであげる。

女性に花を持たせる

ほとんどの女性は、絶えず楽しませてほしいと思っています。ですから、サービス精神旺盛な男性のほうが往々にして受けがいいのです。しかしながら、女性にとって何よりうれしいのは、ほどを心得たやり方で、自分が褒められることです。女性に花を持たせる話し方を身につけていれば、面白い話をするのが得意でなくても、女性はあなたとの交流を好ましく思うことでしょう。

女性を楽しませるだけでなく、会話の中で花を持たせる。

秘密をあえて打ち明ける

女性の際立った特徴の一つに、好奇心が強いことがあります。女性と付き合うときはこれを念頭におき、必要に応じて好奇心をかきたて、楽しませ、満たしてあげるといいでしょう。女性の好奇心の強さは、まったく驚くばかりです。また、悪意や妬みからではないにしろ、他人の秘密を探ったり、隣人の行動を詮索したいという願望を持つ人も多いようです。チェスターフィールド卿(*)はこう言っています。「女性に取り入りたいと思うなら、秘密の一つも打ち明けるといい」。

女性の強い好奇心を満たすような話題を選ぶ。

＊チェスターフィールド卿…17世紀のイギリスの政治家・著述家

勝ちを譲る

女性との間に、ちょっとしたもめごとや不和が生じた場合は、勝ちを女性に譲りなさい。女性をあざけりの的にしてはいけません。自尊心を傷つけられたら、女性は決して相手を許しません。

譲るときは譲り、
女性の自尊心を傷つけない。

女性の気質を理解する

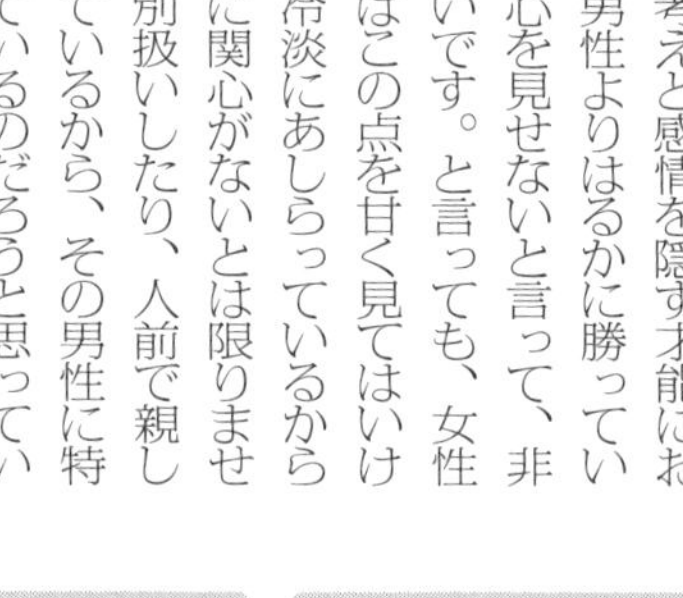

自分の本当の考えと感情を隠す才能においては、女性は男性よりはるかに勝っています。女性が本心を見せないと言って、非難するのは間違いです。と言っても、女性と付き合うときはこの点を甘く見てはいけません。女性が冷淡にあしらっているからといって、相手に関心がないとは限りません。反対に、特別扱いしたり、人前で親しげに話したりしているから、その男性に特別な関心を持っているのだろうと思っていると往々にしてだまされます。女性はしばしば本心を隠したいためにこの策略を用いますが、単にその気質やかたくなさのせいであったり、憎からず思っている男性をちょっと困らせてやろうと思っていたりする場合もあるのです。

女性が本心を見せないことを非難しない。

幼なじみを大事にする

友人関係のなかで、幼なじみほど長つづきするものはありません。大人になった私たちは、人と運命に何度も裏切られた経験から心を閉ざし、容易に人を信用しなくなっています。心は理性に支配され、慎重に考えこむ癖がつき、災難に見舞われても人に相談する前に何とか自分で解決しようとします。友人に対して多くを求めるようになり、選別も厳しく、新しい友人を作りたいという気も起きなくなります。ですから、運命や転居などの事情によって、幼なじみと何年も離れて暮らすことになっても、決して彼らをおろそかにしてはいけません。あなたと幼なじみを結びつけた聖なる絆を結び直しなさい。決して後悔することはないでしょう。

幼馴染との関係ほど貴重で大事なものはない。

友人は多くなくていい

しかるべき分別を持ち、基本的な行動規範がほぼ一致する人、私たちを楽しませて喜ぶ人、屈服せずに愛してくれる人、欠点や弱点に目をつぶらずに長所を認めてくれる人、逆境にあっても私たちを見捨てず、私たちが誠意を持って引き受けたことには快く力を貸してくれる人、慰め励ましてくれる人、欠点を指摘してくれる人、公平さを欠かない範囲で他の人より私たちを優先してくれる人――そのような友人を真剣に探し求めるなら、かならず見つかります。たくさん見つかるとは言いませんが、あなたが誠実であれば、数人は見つかるはずです。一生励ましあって生きていくのに、それだけいれば十分です。

一生付き合う友人は数人でいい。

友に敬意を払う

幸運にも誠実な友を得ることができたら、その友情は、どれほど大切にしてもしすぎることはありません。たとえ運命により、あなたの地位が突然友より高くなったとしても、友に敬意を払い、尊重しなさい。また、あなたが価値と能力を持った人に利益をもたらす権力を持っている場合、その人より能力が劣るのに、友を優先し、利益を与えるのはいけません。友の軽率な行いを弁護したり、友の感情の激しさを美徳として称賛したりしてはいけません。しかし、友がいわれなく非難されていて、あなたが味方すると助けになると思えたなら、たとえ他に誰も味方するものがいなくても、友を弁護しましょう。

友人をえこひいきしてはいけないが、窮地に立っていたら弁護すること。

友人には不運を話さない

自分の不運を人に話すと慰めになるというのは、どう考えてもおかしな考えです。そうした会話は、おしゃべりな老婦人にはいくばくかの満足を与えるかもしれませんが、思慮深い人間には何の慰めにもなりません。友人との付き合いにおいては、自分の不本意な状況は、思いやりのある友人にはできるだけ話さないほうが賢明だと思います。そうした心優しい友人に、心配をかけてしまうからです。しかし、あくまで「できるだけ」です。

愚痴をこぼして友人に心配をかけるようなことは避ける。

友人のためなら手を尽くす

もし友人があなたに不運や苦しみを打ち明けてきたら、その話に辛抱強く耳を傾け、その苦しみに同情を示してあげましょう。可能であれば、友を苦悩から解放してあげなさい。その心を慰め、苦痛を和らげるためにあらゆる手を尽くしなさい。しかし、愚劣な慰めを言って、心身ともにくじけさせてはいけません。ふたたび勇気を奮い立たせ、この世の一時的な苦悩を乗り越えられるよう励ましてあげなさい。かと言って、偽りの希望や実現しそうもない期待で友をうれしがらせてはいけません。その状況を、人間としてさらに賢明になるための一段階として受け入れられるよう、力を貸してあげましょう。

友人の苦悩にはとことん付き合い、手を差し伸べる。

偽装のない付き合いを

友人同士の付き合いから、あらゆる偽装を追放しなさい。日常生活において、私たちは習慣、過剰な礼儀、不信にしばられてしまいますが、こうしたものは一掃してしまいましょう。親しい友人との交流には、信頼と率直さがみなぎっていなければなりません。

取り繕わない友人関係を築く。

友情に嫉妬は不要

友情においても、恋愛の場合と同じように嫉妬する人がいます。これは情が深いというよりは、妬み深い気質だと言えます。自分が大切に思う人の価値を他の人も認めているとわかったら、喜んであげましょう。大切な友人が自分以外の友を見つけて心を打ち明け、その交流によって純粋な友情を味わい幸せそうにしていたら、喜んであげましょう。そのために、あなたの素晴らしさが目に入らなくなる訳でも、あなたが嫌いになる訳でもないのです。それに、友が他の人の素晴らしさに気づかないようにしたからといって、あなたの本質的な価値が上がるでしょうか。

友の友人に嫉妬してはいけない。

好意を押しつけない

必死になって人に友情を求めたり、いい人だと思ったら誰かれなしに好意を押しつけたりするのはよくありません。押しつけがましい態度を見せたら、相手の疑念を招くだけです。誠実さと分別が示す道を黙々と歩み、慈悲深く思いやりのある心を持っていれば、人が放っておくはずがありません。遅かれ早かれ、その内面的な価値をわかってくれる、波長の合う友と出会うことができるでしょう。

誠実さと分別を持っていれば、良き友に巡り合う。

友人がいない人の特徴

知り合いはいても、友人が一人もいない人がいます。こういう人は、友情がもたらす恩恵を必要としていないか、あるいは人間を信用していないのです。また、性格が冷淡だったり、狭量だったり、閉鎖的だったり、虚栄心が強かったり、短気だったりします。かと思うと、世界中の人が友達だという人もいます。こうした人は、誰かれなしに心をその足下に投げ出すので、拾い上げるだけの価値を認める人がいなくなってしまいます。どうか、どちらのタイプにもならないでください。

友人は多すぎても少なすぎても問題がある。

家族間の誤解はすぐ解決する

同じ家に住んでいる人との間に誤解が生じたときは、すみやかに解決に向けて努力しなさい。分別のある人にとって、ひそかに反感を抱いている人と同じ屋根の下に暮らさねばならないことほど、苦痛なことはありません。

わだかまりを持ったまま一緒に暮らすことは大きな苦痛である。

酔っぱらいとの付き合い方

飲酒によって、このうえなく陽気になる人もいれば、きわめて優しく、情け深く、率直になる人もいます。かと思えば、憂うつになったり、眠くなったり、無口になったりする人もいます。また、急におしゃべりになったり、けんか腰になったりする人もいます。この最後のタイプの酔っぱらいのそばには、できるだけ近づかないのが無難です。しかし、そういう訳にいかないときは、慎重に、寛大に、丁寧に対応すれば、たいていの場合問題ありません。口ごたえは控えるよう心がけましょう。そして、言うまでもないことですが、酔っぱらいの約束を当てにしてはいけません。また、酒を飲んでいる人と重大な仕事の交渉を行うべきではありません。

酔っ払いとは距離をとり、大事な話もしないようにする。

アドバイスをする際の注意点

誰かがあなたにアドバイスを求めてきたら、率直な意見を言っていいものかどうか、あるいは相手は本気であなたの意見を求めているのかどうか、よく見極めないといけません。もし、すでに心を決めているくせにあなたの意見を求めたり、ただお世辞や褒め言葉がほしくて相談している場合は、きっぱり断るに越したことはありません。相談に乗ったためによけいな悩みを抱えこみたくないなら、あるいは恩を仇で返すような目にあいたくないなら、周囲の人々のことを十分に知っておく必要があります。

自分の意見が本当に求められているか見極める。

身分の高い人への態度

身分の高い人は、自分が一般人より高い階層に属し、生まれつき人に命令し、統治する権利を与えられていると考えるように育てられています。そして、低い階層の人間は、自分のわがままや虚栄心の前にひれ伏し、あらゆる気まぐれに耐え、突拍子もない思いつきにへつらう運命にあると思いこんでいるのです。私たちは、身分の高い人や金持ちとはこういう人間だという前提のもとに、彼らに対する態度を決めていかねばなりません。

身分の高い人が持っている特権意識を把握しておく。

身分の高い人、金持ちとの付き合い

身分の高い人や金持ちと付き合うときは、自分が彼らの援助や保護を必要としているか否か、彼らに依存しているか否かをよく考えなさい。前者の場合は、自分の心のおもむくままに行動して、まずいことにならないよう注意しましょう。あなたの尊厳が損なわれない範囲で、ささいなことは我慢して怒りをぶちまけず、真実を口にするときは十分に注意し、彼らの気まぐれや奇異な行動にも合わせてあげるのが賢明です。

金持ちには自分の尊厳が損なわれない範囲で気を使う。

権力者のもとへ押しかけない

このルールは、どんな状況にも当てはまります。軽蔑されたくなかったら、権力者や金持ちのところに押しかけないことです。自分や他人の要求を携えてしつこく迫ると、彼らは嫌気がさして、あなたとの付き合いを避けるようになってしまいます。むしろ、相手からあなたとの付き合いを求めるように仕向けなさい。彼らの前に顔を出す機会をできるだけ減らすといいでしょう。しかし、あなたの意図を見抜かれてはいけません。

押しかけて要求するのではなく、求められるように仕向ける。

狭く厳しい道を行け

あなたの栄達を図ってくれそうなお偉方に取り入る際は、自分の名誉を保てる範囲内にしましょう。貧しく身分の低い若者が、身分の高い人や権力者の援助を受けて出世しようとすると、実権を握っている狡猾な側近の気に入られたいという誘惑にかられます。しかしながら、これが命取りになる場合が多いのです。こうした側近が長きにわたって権力を維持できるとは限らないからです。一方、狭く厳しい道を行けば、失望せずにすみ、目ざましい出世とはいかないまでも、少なくとも長つづきする成功を手にすることができます。

安易な道を選ぶと
命取りになることが多い。

能力を見せびらかさない

自分には高度な見識、機知、美徳、学識、科学知識等が備わっているとうぬぼれているお偉方と付き合うときは、こうした能力において、自分のほうが優れていると自覚していることを、とくに第三者がいるところで、相手に気づかれてはいけません。単にあなたのあら探しをするためだけに、自分にはとてもできないようなことを、あなたに要求してくることでしょう。

うぬぼれている相手には自分の能力を隠しておく。

各人にふさわしい扱いをする

質のいい教育を受けていない人とは、あまり親密になってはいけません。そういう人は、人の好意を悪用したり、法外な要求をしたり、増長したりするきらいがあります。ですから、どの人も、その人にふさわしい扱いをすべきで、その人が受けるに値する以上の敬意を払うべきではないのです。

その人に相応の敬意を払えばよい。

嫌なことはきっぱり断る

援助を必要としている人には、手を差し伸べなさい。あなたの支援と好意を求めている人は、正義にもとらない限り保護してあげなさい。しかし、気が弱くて、何か頼まれると断れないというのはよくありません。確固たる信念を持っている人は、嫌なものはきっぱり断る勇気も持っています。相手の気を悪くさせないような説得力のある理由で断れば、そして、喜んで人助けをする慈悲深い人だと思われていたなら、自分の判断に従って行動しても敵を作ることはないでしょう。すべての人を満足させるのは不可能ですが、首尾一貫した賢明な行動をしていれば、少なくともまともな人から誤解を受けることはありません。気が弱い人と善人とは別物です。

気が弱い人と善人は別物。断る勇気を持つ。

威厳を保て

目下の者には親切に対応してやるべきですが、威厳を失わない程度にしておきましょう。部下がいなくてはどうにもならなくなり、部下が何をしても黙認している状態は危険です。仕事への能力、または意欲がないために、部下に頼らざるをえなくなった職場の長が、きちんと仕事をしろと言えるだけの権威も勇気もないというのはお笑い草です。人生のあらゆる状況において、ある程度の威厳は必要です。しかし、とくにこの開けた時代には、威厳を見せつけるだけでは部下はついてきません。上司が堅苦しい尊厳を見せずに部下に接するなら、その内面的価値によって、尊敬と従属はたやすく実行されることでしょう。

目下の者には親切にすべきだが、最低限の威厳を失わないように。

本との付き合い方

膨大な量の危険な書物が出版されているこの時代には、分別のある人は、人との付き合いと同じように、本との付き合いにおいても、慎重になるのが賢明です。私はくだらない本を読んで貴重な時間を無駄にしないために、世間で独創的で価値のある本だと評判になって注意を引かれるまで、自分の蔵書には加えないという戒めを守っています。そして、昔ながらの信頼できる友との限られた交流で十分満足し、繰り返しそれらをひもといては、新たな喜びを見出しています。

くだらない本を読むぐらいなら
古い蔵書を繰り返し楽しむ。

本書は２０１０年にイースト・プレス社より刊行された『人間交際術』を改題し、再編集したものです。

[著者]

アドルフ・F・V・クニッゲ

(1752−1796)

ドイツの作家、社会評論家。ハノーファー近郊の貴族の家に生まれ、事業経営などで活躍したのちに著述業に転身。1788年に発表した代表作『人間交際術』は、処世術の書としてだけではなく、哲学書としても世界中で広く読み継がれている。森鴎外が同書をもとに『森鴎外の「知恵袋」』を発表したことでも知られる。

[訳者]

服部千佳子

(はっとり ちかこ)

同志社大学文学部卒。翻訳家。主な訳書に『ウィキッド』(SBクリエイティブ)、『孤独の愉しみ方』(イースト・プレス)、『奇跡が起こる遊園地』(ダイヤモンド社)、『脂肪の歴史(「食」の図書館)』(原書房)などがある。

疲れない人間交際のコツ
媚びるな、しかし謙虚であれ

2020年8月12日　第1刷発行

著者　アドルフ・F・V・クニッゲ
訳者　服部千佳子
翻訳協力　株式会社トランネット
https://www.trannet.co.jp/
装丁　金井久幸［TwoThree］
DTP　TwoThree
編集　臼杵秀之
発行者　山本周嗣
発行所　株式会社文響社
〒105-0001
東京都港区虎ノ門2-2-5
共同通信会館9F
ホームページ　http://bunkyosha.com
お問い合わせ　info@bunkyosha.com
印刷・製本　中央精版印刷株式会社

ISBNコード:978-4-86651-246-4　Printed in JAPAN
この本に関するご意見・ご感想をお寄せいただく場合は、
郵送またはメール（info@bunkyosha.com）にてお送りください。